VIVIR
SIN TEMOR
A CAER

Principios

prácticos

a prueba

de fracasos

Rafael Ayala

TALLER DEL ÉXITO

Publicado por:
Taller del Éxito, Inc.
1669 N.W. 144 Terrace, Suite 210
Sunrise, Florida 33323
Estados Unidos

Editorial dedicada a la difusión de libros y audiolibros de desarrollo personal, crecimiento personal, liderazgo y motivación.

Diseño de carátula y diagramación: Diego Cruz
Ilustraciones: Gabriela Izurieta Rivero

ISBN 10: 1-607381-51-6
ISBN 13: 978-1-60738-151-8

Printed in the United States of America
Impreso en Estados Unidos

13   14   15   16   17   R|UH   07   06   05   04   03

Con todo mi cariño y deseo de
aprendizaje para los dos regalos
más grandes que Dios nos ha dado
a Gaby y a mí: Mariana y Gaby.
Anhelo que en esta etapa de su
juventud y en el resto de sus vidas
la aplicación de estos principios
les permita vivir luchando por sus
sueños, mantener su vista en las
cosas de arriba y ser felices.

Gaby, tu talento para pintar es
maravilloso, gracias por las
excelentes ilustraciones que creaste
para esta obra. Admiro ese gran
don que tienes.

CONTENIDO

Cada vez que asisto al circo me angustio al ver los trapecistas. Bueno, para ser exacto, sufro si carecen de una red que les proteja. Cuando cuentan con ese respaldo, mi ansiedad disminuye; sin embargo en algunos circos he visto personas en el trapecio que realizan sus peripecias sin protección. Si yo fuera una de ellas me gustaría que siempre estuviera la red debajo por si las dudas. Si al mejor cocinero se le quema la sopa, también es factible que al mejor trapecista se le resbale la soga. En este sentido preferiría ser cocinero que trapecista. Equivocarse, fallar y cometer descuidos es inevitable, pero hay de errores a errores. Unos sólo cuestan que a la gente no le guste la comida que preparamos, pero otros tienen por precio la vida misma.

Aunque vivir es una caja de sorpresas, es posible colocar algunas redes que nos ayuden a amortiguar los golpes por si caemos. Vivir sin red es atrevido, produce adrenalina pero de igual forma reduce nuestro tiempo y calidad de vida. Hace poco vi un programa en televisión sobre accidentes que sufren los practicantes de deportes extremos como por ejemplo acrobacias en bicicleta, patineta y motonetas. Estos atrevidos deportistas no son otra cosa que trapecistas sin red que cambiaron las cuerdas por sus medios de transporte, ahora convertidos en instrumentos para peripecias. Me impresioné al ver los accidentes que padecen. Algunos incluso perdieron la cuenta de las fracturas que han padecido, así como la cantidad de sus hospitalizaciones. Varios de estos suicidas del deporte quedaron discapacitados o de plano perdieron la vida. No había red y cayeron como Tom, el gato de las caricaturas, sólo que en su caso ya no tuvieron otro capítulo para perseguir a Jerry.

Muchos pensamos que las grandes calamidades de la vida les suceden a los demás, no a nosotros. Nadie tiene en mente sufrir un accidente, perder una extremidad o la vista. Sin embargo a quiénes les ha ocurrido tampoco imaginaron que les pasaría. La vida en sí es un riesgo que conviene correr, pero es viable reducir las posibilidades de sufrir tropiezos o el tamaño de sus consecuencias. Es cuestión de tomar las medidas y precauciones necesarias, es decir, de colocar redes.

No soy tu papá ni el maestro de bachillerato que intenta comportarse como alguien de tu edad para caerte bien. Tampoco soy la señora que enseña catecismo y te obliga a aprender de memoria las reglas de la religión. Prefiero que me veas como a una persona ubicada más arriba del trapecio. Así como he observado a los malabaristas del aire hacer sus actos extremos, quiero que consideres esta obra como una ventana. Sí, un mirador por el que observes alternativas para tu vida. Mediante este cristal de tinta y papel conocerás cosas que he visto en casi cinco décadas de transitar por el circo de la existencia. En este tiempo he vivido y sido testigo tanto de errores como de aciertos. Unos míos, otros de alguien más. Si tienes el cuidado de mantenerte viendo a través de esta ventana tendrás la oportunidad de evitarte descalabros, o al menos algunos de ellos. O si caes, que antes de llegar al suelo te detenga suavemente una malla de protección.

Aunque todavía no me considero un anciano, creo que ya tengo suficiente kilometraje recorrido como para atreverme a compartir algo de lo que he aprendido, tanto por las buenas como por las malas. Mi anhelo al escribir este libro es favorecerte con propuestas, ideas y aprendizajes para hacer más fácil tu andar de todos los días. Quisiera que mis anécdotas y pensamientos sirvieran de sugerencias que tejan tu red debajo del trapecio.

Lo que comunico en esta obra no son palabras de un hombre sabio e infalible, ni los grandes consejos del experto. Lo que me atrevo a compartir es mi corazón, mis errores y algunos logros; experiencias que me han enseñado cómo vivir, que me ayudaron a alcanzar momentos satisfactorios y a superar tiempos de dolor y equivocaciones. He fungido como consejero familiar, personal y empresarial por muchos años y he sido testigo de grandes hazañas de hombres y mujeres en el trapecio, y también de terribles caídas.

Soy un convencido de la gran importancia que tienen los mentores; sin embargo muy pocas personas buscan el apoyo de uno. Un maestro no tiene que ser perfecto, de hecho sabemos que no existe quien no cometa equivocaciones. Un mentor para mí es como la ventana que mencioné, es alguien que posee experiencia y conocimientos en alguna área que estamos interesados y que nos permite ver con claridad lo que ha aprendido. Si le observamos con atención y aplicamos las acciones que le produjeron aciertos y evitamos aquéllas que le llevaron a fallar, entonces tendremos más posibilidades de triunfar.

Hay quienes piensan que tener un mentor exige una relación tan cercana con él como en las películas del Karate Kid, Star Wars y tantas más. Aunque ese tipo de cercanía resulta deseable, creo que no es indispensable. Tener un asesor no exige pasar jornadas interminables con él; tampoco es obligatorio que haya comunicación constante y en vivo. Sería ideal, pero no es indispensable. Me atrevo a decir que he recibido el consejo de infinidad de gente valiosa y conocedora de áreas en las que he querido mejorar mi desempeño, desde mi salud hasta cómo escribir. Reconozco el gran apoyo que me han dado con sus ideas, enseñanzas, propuestas y sugerencias seres humanos como Camilo Cruz, Fred Kofman, Carlos Cuauhtémoc Sánchez, Herman Hesse, Stephen Covey, Peter Senge, Vicente Leñero, Christopher Vogler, Caroline Taylor, el Rey Salomón, San Pablo, Robert Kiyosaki, James Dobson, Guillermo Arriaga, Martha Alles, Peter Drucker, John Gray, John Maxwell y muchos más. Literalmente, la lista es interminable.

A algunos de ellos he tenido la oportunidad de escucharles y compartir con ellos, pero de la mayoría lo más que conozco son sus obras. Oí y estudié sus libros, audiolibros y videos o asistí a sus seminarios. Con varios de estos maestros desayuné o fueron mis compañeros de viaje en largos vuelos. Incluso algunos pasaron tiempo conmigo en el estudio o sala de mi casa. Bueno, debo aclarar que fueron mis acompañantes virtuales, pues no estaban en la cocina ni en el avión, sino a través de sus obras. Ayer, por ejemplo, mientras desayunaba en un luminoso restaurante de Bogotá, Christopher Vogler me explicó las funciones dramáticas de los héroes al narrar una historia. Yo desayuné fruta y arepas. No tengo ni idea qué comió Vogler, ni me imagino en qué parte del planeta se encontraba ese día pues todos sus consejos me los dio en su libro *El viaje del escritor*, el cual leía mientras acompañaba la fruta y la arepa con un delicioso café. Para mí, estudiosos que no conozco, como él, son mis mentores pues me comparten su sabiduría y consejos. Sigo e intento aplicar muchos de ellos. Son ventanas a través de las cuales aprendo. Sus conocimientos son de gran ayuda para coser los agujeros que tenía mi malla protectora y me permiten hacerla más grande.

Creo que los maestros aparecen hasta que nosotros, los estudiantes o aprendices, les buscamos y reconocemos como gente de quien podemos aprender, como reza la frase: "El maestro aparece cuando el alumno quiere". Insisto, es irrelevante si nuestros mentores vivieron siglos antes que nosotros, lo valioso es si queremos aprender de sus enseñanzas; si estamos dispuestos a escucharles y creer lo que nos dicen. Es por ello que me atrevo a pensar que esta obra, como cualquier otra, puede convertirse en un mentor para alguien, el "alguien" que así lo desee.

Escribo este libro no muy lejos de cumplir medio siglo de vida. Sé que me queda mucho por aprender, pero no quiero esperar hasta mi vejez para comunicar lo que he comprendido hasta ahora (jóvenes dense cuenta que a los cincuenta años los adultos no nos consideramos viejos). Para empezar, no tengo garantía de llegar a viejo, y por otra parte, vale la pena aprovechar este momento en que la empresa editorial confía en mis escritos. Me hubiera gustado y ayudado conocer hace treinta o treinta cinco años los temas y principios que voy a compartir. Espero que muchos lectores obtengan ese beneficio. En mis tiempos tal vez existió algún escrito a este respecto, lo malo fue que nunca coincidí con él. Haberme puesto en contacto con estas ideas siendo joven me hubiera facilitado muchas situaciones inconvenientes, entre ellas no perder amigos; ganar dinero; tener mejor salud; escalar más rápido en las competencias deportivas en que participé; aprovechar más la educación escolar; meterme en menos problemas; es decir, en general, hubiera sido un mejor protagonista de mi historia.

Reitero que este no es un compendio de la verdad, ni los mejores consejos jamás escritos, como tampoco el verdadero, único, inmaculado y siempre certero manual para una vida exitosa. Aunque me encantaría que contuviera algo de lo anterior, sólo he querido compartir aprendizajes con la esperanza de traer luz, esperanza o ideas prácticas a quién desee prosperar de manera integral desde temprana edad. Deseo motivarte a no tener miedo de subir alto en tus jornadas, a que hagas peripecias lo más arriba posible, pero que tengas también una malla fuerte y flexible debajo de ti para que cuando no logres sostenerte en las alturas, esa caída sea una fase en tu aprendizaje, no el fin.

¿Qué tipo de persona eres respecto al aprendizaje?

He escuchado que nadie aprende en cabeza ajena. No estoy de acuerdo, creo que sí existen seres humanos inteligentes que aprenden a través de los aciertos y fracasos de los demás. Para confirmar esta postura compartiré lo que llamo los tres tipos de conductas ante el aprendizaje. Estoy convencido de que hay tres formas de comportarnos ante las experiencias y consejos de los demás, y que determinan la manera en que aprendemos y también muchos de los resultados que obtenemos. Veamos pues estos tres tipos de acciones y actitudes:

Al primer arquetipo le llamo "respuesta común". Vale la pena aclarar que común no significa correcto. Un acto común es el que practica la mayoría de la gente. Si actúo como todos, entonces estoy haciendo lo que es común, ya sea conveniente o no. La respuesta común ante el aprendizaje consiste en no hacer caso de los consejos, advertencias ni recomendaciones de los demás, en especial de sus autoridades. Tristemente, reaccionar así ante la posibilidad de aprender es algo frecuente:

—Ay hijita, no salgas con "el Greñas", ¿no te das cuenta que no te conviene, que es una mala influencia?

—¡Mamá!, ¿por qué lo juzgas así? Sólo te fijas en el exterior, es que no lo conoces.

¿Adivinen quién será el próximo novio de esta jovencita? Por supuesto que el Greñas, ¡es lo común! Recuerda que no dije que lo común es equivalente a lo correcto sino es lo que hace todo mundo. Veamos otro par de ejemplos al respecto:

—Mauricio, no me agrada que estés asociándote con Guillermo para hacer negocios, no me parece una persona confiable.

—Lo que pasa es que te cae mal porque no crees que haya ganado todo su dinero de manera correcta. Pero eso son puros chismes, no te preocupes, todo va a estar bien. Además seré cauteloso.

Por supuesto que Mauricio no atendió las percepciones de su esposa y se asoció con Guillermo. Tal como comenté anteriormente él hizo caso omiso de las recomendaciones y desaprovechó la oportunidad de reflexionar y analizar la situación. Respondió dentro de lo que considero como la respuesta común, la de la mayoría, la esperada.

—Ricardito, no vayas a comerte esos chocolates.

—¿Cuáles mamá?

En cuanto la mamá desapareció de la cocina Ricardito se las ingenió para alcanzar los chocolates prohibidos y tomar tres de ellos, calculando que su madre no notaría la diferencia. Ricardito actuó como la mayoría de los niños.

El principal problema de quienes responden de esta forma ante la posibilidad de aprender consiste en que suelen tener consecuencias negativas de sus decisiones. Por lo general se equivocan por no atender a los consejos, advertencias y sugerencias que los demás les comparten. Su orgullo y creencia de que saben mejor que cualquiera lo que están haciendo les evita razonar con prudencia.

Veamos las consecuencias que tuvieron los personajes de los ejemplos que expuse: al poco tiempo de hacerse novia del Greñas la jovencita terminó llorando, sola y desgreñada. Guillermo huyó con gran parte del dinero de Mauricio y Ricardito se comió los chocolates sin saber que eran purga. Ahora el pequeño ha pasado más tiempo sentado en el sanitario y con dolores estomacales que jugando con sus videos. En fin, alcances como estos son los que suelen sucedernos cuando actuamos "comúnmente", ignorando las propuestas, sugerencias y consejos que nos dan.

El segundo tipo de reacciones respecto al aprendizaje lo denomino "respuesta tonta". La gente con este tipo de contestaciones actúa igual que la que responde de manera "común", como vimos anteriormente. Pero además de hacer caso omiso del consejo, no aprende de su error, lo repite. Supongo que estarás de acuerdo conmigo en que cometer dos veces la misma equivocación ya no es lógico. A quiénes actúan así en mi pueblo no se les dice "de respuestas tontas", pero prefiero llamarles así para no ofenderles. Si decidimos no seguir las sugerencias de los demás ni tomarlas en consideración, y por lo mismos nos estrellamos, al menos deberíamos aprender de la experiencia para evitar repetirla. Las personas tontas no hacen esto y a pesar de su caída continúan sin atender los consejos y experiencias ajenas.

Retomando los casos que vimos antes: la jovencita sigue sin escuchar la opinión de su madre y, aunque ya no ve más al Greñas, ahora está saliendo con otro sospechoso, desprestigiado y poco recomendable muchacho; Mauricio sigue haciendo caso omiso a las observaciones de su esposa respecto a su forma de hacer negocios y Ricardito continúa desobedeciendo los mandatos de sus padres. Seguir actuando así ya no es responder con normalidad, es pasar al siguiente nivel, el de cometer tonterías.

El tercer tipo de reacción ante las advertencias es el que denomino "respuesta inteligente". Aunque creo que esta especie está en riesgo de extinción, considero que libros como este ayudan a preservar su existencia. Quienes responden de manera inteligente son aquéllos que aprenden de observar cómo les va en la vida a los individuos que reaccionan de manera esperada o tonta. Son gente que considera los consejos y advertencias que les hacen otros; que analizan el tipo de resultados que tienen quienes cometen errores e intentan no experimentarlos. Existe un refrán que sentencia que nadie aprende en cabeza ajena. Estoy convencido de que esta frase la inventó una persona tonta o común. Por supuesto que sí hay quienes se educan sin tener que estrellarse, y a ellos les considero inteligentes.

Debo admitir que en varias áreas de mi vida he actuado con respuestas "comunes". Anhelo creer que no he caído en la categoría de reacciones "tontas" y entiendo que en un par de cosas he practicado el don de la inteligencia. Mi propósito al escribir este libro es mostrar los errores y aciertos que tanto otros como yo hemos tenido. Deseo servir como ventana por la cual, al leer estos ejemplos y casos, los compares con tus decisiones y retos y optes por aquello que te parezca más adecuado. Si por causa de resoluciones del pasado ya no te es posible ser inteligente en algún área, entonces mi recomendación es que al menos te quedes en respuestas comunes y no pases al grado de tonto.

Me he hecho el propósito de que esta obra sirva de red para todos los equilibristas que andan caminando por alambres y columpiándose a grandes alturas sin haber puesto una malla de protección. Te invito a tomar una actitud de aprendiz, abriendo tu mente a las sugerencias que encontrarás aquí para convertirte en el mejor trapecista de tu vida.

Tienes más potencial del que estás usando

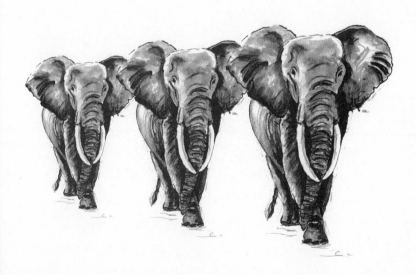

De pequeños, montar un columpio es toda una aventura. Sin embargo al crecer ya no es tan divertido, queremos algo más. Los trapecistas han subido la altura de su balancín. La vida nos impulsa a poner columpios más altos. Lo bueno es que poseemos la capacidad de crecer y desarrollar habilidades para subirnos a esos trapecios y hacerlo muy bien.

Siempre hay más...

Tú y yo tenemos más potencial del que llegamos a usar en nuestra vida. Esto quiere decir que si habías creído que el patán de tu salón de clase ya no era capaz de hacer un ridículo más grande estás equivocado porque por increíble que parezca ¡sí puede pasar vergüenzas mayores! Sin embargo no todo es malo. Tu maestro tiene talento para preparar mejor su clase y hacerla menos aburrida. Que no lo haga es otro tema, pero tiene la capacidad. En fin, dejemos de enfocarnos en los demás, pues quizás sueno como el profesor con cloroformo en la voz o tú como el patán que se sienta en la parte trasera del salón. Todos tenemos potencial para desarrollar nuestras habilidades y talentos, no nada más los defectos. Esto es verdad, lo creamos o no.

Jamás ha existido alguien que viva al máximo de su potencial, ni siquiera Justin Bieber, Leo Messi, Rafael Nadal o tu maestro de karate. Aunque todos ellos son buenos en lo que hacen, aún pueden hacer más para acercarse a su límite, el cual es probable que nunca alcancen. ¿Por qué? Pues porque los seres humanos tenemos siempre algo más por desarrollar. Poseemos tanta capacidad que incluso aquéllos que pasaron a la Historia por explotar sus talentos tenían más posibilidad de mejorar. Fuimos creados con una amplitud tan grande que estoy seguro que si viéramos de lo que somos capaces, no lo creeríamos. No digo esto para que te sientas el ser más poderoso del planeta (te tengo una mala noticia: no lo eres), te lo comparto para que estés consciente que si quieres, puedes hacer mucho más de lo que alcanzaste hasta ahora y hacerlo mejor. Tus posibilidades de logros, aprendendizaje y desarrollo son prácticamente infinitas. Además las áreas de desenvolvimiento son también muchas.

Conozco jóvenes que no creen poseer este potencial y que consideran que en lugar de nacer con buena estrella nacieron estrellados. Algunos imaginan que los grandes logros son para superdotados, todavía creen que si se diera una pelea entre Supermán y Buzz Lightyear ganaría el primero porque Buzz es un juguete. Concluyen que el Capitán América existe y que como ellos carecen de poderes sobrenaturales, o de su maravilloso escudo, no alcanzarán grandes éxitos y se resignan a vivir de manera mediocre, limitada. La vida no tiene por qué ser así. Te garantizo, sin importar cuál sea tu estado actual, que tienes capacidades y potencial suficientes para vivir mejor; para obtener metas que anhelas; para mostrar tus habilidades al mundo y aportar excelentes servicios; innovaciones; negocios o manifestaciones artísticas y deportivas. Seguramente no llegues "al infinito y más allá" con tan sólo estirar tu brazo, pero sé que en ti existe el talento para cumplir objetivos trascendentes.

Si lo anterior te parece demasiado o no te interesa ser protagonista público, no importa. Desarrollar tus habilidades no significa que debas ser entrevistado por Oprah o salir en un reality con Simon Cowell. Lo importante es que al menos tomes en consideración la siguiente verdad: tu potencial y capacidades son mayores que los que estás usando ahora. ¿Vas a dejarlos escondidos? O ¿quieres detonarlos?

Creo que el lugar donde se concentra el mayor poderío de dones, habilidades y talentos es el cementerio. Dicen que lo más triste de los muertos no es la vida que tuvieron, sino la que pudieron tener. Muchos llevan a sus tumbas un tremendo potencial desperdiciado, incluso hasta ignorado por ellos mismos. Qué pena, ¿no? Es como si te invitaran a unas vacaciones pagadas en un hotel "all inclusive" (donde todo está incluido) y tú crees que sólo han pagado por tu habitación. Tienes derecho a comer lo que quieras, tomar clases de buceo, utilizar el velero, solicitar tus bebidas en la piscina, entrar al spa, jugar en la cancha de tenis, etc. Todo está cubierto pero si no lo sabes te limitas en los consumos y actividades. Te preocupa que no te alcance el dinero y no solicitas toda la comida que quisieras o a pesar de que te estás deshidratando por tomar el sol, no compras bebidas, mejor de vez en cuando te das un chapuzón con la boca abierta para calmar tu sed. Si tan sólo supieras que todo está incluido no padecerías carencias y disfrutarías mucho más; aprovecharías esos beneficios. Lo mismo pasa cuando alguien no se ha dado cuenta de que posee suficiente capacidad para desarrollar grandes talentos y habilidades; que tiene el potencial para vivir sus sueños y metas y como no sabe que lo posee vive como si no lo tuviera.

¿Quieres pruebas?

Pensemos un poco sobre los grandes avances que se han dado gracias al uso de las habilidades humanas. No sé a ti, pero me siguen sorprendiendo los avances tecnológicos. ¿Cómo es posible que desde mi escritorio desarrolle una conversación con cinco personas que se encuentran en diferentes partes del mundo? Además de charlar, nos vemos. Y esto desde un pequeño artefacto. ¿Tienes idea de cómo construir una memoria portátil de las que conectas por USB a tu computadora? Pues hay quienes sí saben hacerlo. Crearon algo que no existía y nunca había sido visto. Son seres humanos que como tú, fueron a la escuela, reprobaron materias, padecieron diarrea por comer de más, sudaban durante el receso, alguna vez les pegaron un chicle en su cabello y trataban de impresionar a la chica o chico guapo de su clase. Gente común y corriente que fue desarrollando sus talentos.

Justo hoy conocí en un avión a la vicepresidenta de una poderosa empresa china de construcción. Durante el vuelo me mostró el tipo de edificios que construyen. Son amigables con el ambiente, tienen un consumo de energía cuarenta por ciento menor que cualquier otro; el costo es veinte por ciento más barato que las construcciones tradicionales; poseen sistemas de purificación del ambiente; son resistentes a temblores de incluso nueve grados Ritcher (esto es casi como si un edificio bailara hip hop sin caerse) y todas las innovaciones que imagines. ¿Cuánto tiempo crees que les toma construir, por ejemplo, un hotel de quince pisos con casi trescientos cuartos incluyendo los acabados interiores? ¡Una semana! Aunque no lo creas, es lo que se tardan, ¡siete días! Eso fue lo que les tomó levantar el Hotel New Ark en Changsha, China. Algunos tardamos siete días en reparar la regadera del baño de la casa, pintar la recámara o bañar al perro. Pero ellos en esos días construyen un hotel. Como te decía, nuestra capacidad es inagotable.

Los ejemplos anteriores nos muestran cómo la humanidad explota su potencial. ¿Cómo es posible que veamos volar un aparato gigante con más de seiscientas o setecientas toneladas de peso? Reflexionemos sobre esto. Como sociedad hemos desarrollado la tecnología suficiente para que más de cien personas (en ocasiones muchas más) se suban a un aparato de cientos de toneladas y sean transportadas por el aire a grandes alturas sin problemas de presión o clima. Además somos trasportados de una ciudad o nación a otra con grandes comodidades: viendo televisión, durmiendo, disfrutando de videojuegos o trabajando en nuestro computador. Hemos perdido la sensibilidad de asombro respecto a los grandes avances que vivimos. Necesitamos recordar que estos desarrollos se deben a la creatividad del hombre para cada vez hacer más; es decir, ejercitar nuestras neuronas, usar nuestros dones.

Si lo anterior te parece que no tiene mucho que ver con la posibilidad de desarrollarte, entonces hablemos de cosas más sencillas. Si no eres deportista y te enteras que el joven o la joven que te gusta corre por las mañanas, creo que te pondrás tu mejor ropa deportiva, te levantarás temprano, te inyectarás los audífonos de tu Ipod en los oídos y "por casualidad" le encontrarás en el parque.

—Hola, qué bien que nos encontramos, ¿no?

—No sabía que venías a hacer ejercicio a este lugar. ¿Vienes todas las mañanas?

—Eh… Sí… Claro.

—Qué extraño, nunca te había visto.

—Bueno es que en realidad no venía a este parque, corría por las calles, me gusta más, pero me recomendaron que mejor lo haga aquí para no dañar mis rodillas con el asfalto.

Aunque hayas sobrevivido la primera conversación ahora falta resolver tu aguante físico pues no importa que lleves tu camisa Nike y tus zapatos New Balance, si quieres impresionar a tu presa será necesario que lleves oculto un tanque de oxígeno porque seguramente tus pulmones te traicionarán antes de llegar a tus primeros cuatrocientos metros. Pero si te aplicas a esta disciplina cada día o al menos cuatro o cinco veces por semana, en un par de meses con seguridad estarás corriendo sin parar distancias de cinco kilómetros o más, y otro beneficio es que verás más seguido a la persona que te gusta. Lo mismo sucede con el levantamiento de pesas, salto de altura, tenis, golf o cualquier otra disciplina física. Nuestro cuerpo tiene un potencial mucho mayor del que utilizamos. Si lo forzamos a practicar algo cada vez será mejor su desempeño en esa área.

Ahora imagina si lo que ejercitamos es nuestra mente. Por supuesto que es falsa la creencia de que los humanos sólo usamos el diez por ciento del cerebro. Si fuera así estaríamos paralíticos, sin comunicación, vista, coordinación de movimientos, o muertos. Eso de que Einstein y los grandes genios usaron una pequeña porción de su cerebro y nosotros lo dejamos en pausa o en modo de hibernación durante años es falso, es un mito. Es correcto que pocas veces utilizamos casi todo el cerebro porque lo usamos por partes, dependiendo de la función que estamos ejecutando. Diferentes áreas cerebrales se activan para realizar funciones distintas. Pero ese no es el tema que quiero tratar. Lo que deseo comunicarte es que también poseemos un tremendo potencial intelectual, emocional y creativo. Vale la pena aclarar que cuando hablo de capacidad emocional no me refiero a que vayas a desarrollar la habilidad de tener varias novias o cónyuges al mismo tiempo. Hay gente que lo hace pero eso se debe a su habilidad para mentir y engañar, la cual no es una virtud y es muy probable que le involucre en grandes problemas. Cuando hablo de potencial emocional me refiero a saber controlar y utilizar nuestras emociones. Aprovecharlas para aprender y para relacionarnos, no para meternos en conflictos.

No importa cuál sea nuestra edad, tenemos capacidad para aprender. Es posible adquirir otro idioma o varios de ellos; convertirnos en expertos en cualquier tema o utilizar nuestra imaginación para escribir, pintar, construir, esculpir, diseñar programas de computación o trucos de magia. Lo creas o no, tu cerebro da para esto y para mucho más.

"Las cosas importantes no son difíciles de hacer, pero es mucho más fácil no hacerlas". —Jim Rohn

---

Ideas para desarrollar más tu potecial

Hay varias maneras de hacer crecer tus talentos y habilidades. La primera y más sencilla es practicar con frecuencia y constancia aquello para lo que sabes que eres bueno. Quizás has descubierto que te encanta la repostería. No me refiero a comerla, más bien a practicarla. Disfrutas haciendo pasteles y galletas. Al igual que sucede con el deporte, las manualidades y los oficios se fortalecen en la medida en que los practicamos. Quizá te iniciaste en repostería ayudando a alguien o siguiendo las indicaciones de una receta. Si te mantienes inventando nuevas fórmulas, cada vez adquirirás más pericia y mejorarás el sabor, textura y consistencia de tus postres; además de que lo lograrás en menos tiempo. Al compartir los panes que te han quedado sabrosos (no es recomendable que repartas los que quemaste, a menos que se los des a tu perro), tus amistades y conocidos te solicitarán que hornees algunos para ellos. Esto te motivará y obligará a pasar más tiempo entre harina, huevos y barras de mantequilla, y por lo mismo, continuarás mejorando. En la medida en que más practicas, más aprendes y entre más aprendes, más fácil será seguir haciéndolo.

Esto que acabo de escribir no es un error. Incluso, si quieres léelo de nuevo, o bueno, lo volveré a escribir: "En la medida en que más practicas, más aprendes y entre más aprendes, más fácil será seguir haciéndolo". Sí, al igual que mientras más corres, cada vez recorres distancias mayores; cuando más aprendes de algo aumentas tu habilidad para aprender. Pero nada de esto sucederá si no te ejercitas con frecuencia en aquello que sabes que haces bien y que te gusta realizar.

Identifica qué es lo que disfrutas hacer o que otras personas te han dicho que haces bien. No creas la terrible frase "eres un bueno para nada". Eso es falso. Todos somos buenos para algo. Si aún no sabes cuál es tu don, no te angusties, te garantizo que lo vas a descubrir. Un poco más adelante profundizaré sobre esto.

Algunas preguntas que te ayudarán a explotar tus talentos:

1. ¿Qué es lo que más disfrutas hacer?

2. ¿Para qué eres bueno?

3. ¿Con qué frecuencia lo practicas?

4. ¿Cuántas veces a la semana podrías realizarlo?

5. ¿Conoces a alguien con quién hacer equipo?

6. ¿De quiénes puedes aprender más sobre ello o aprender a hacerlo mejor?

7. ¿Qué tal formar parte de un equipo, grupo o club de gente que se dedica a esto?

Responde a las preguntas anteriores y hazte el firme propósito de comprometerte más en practicar y mejorar tu habilidad o talento.

Si descubriste que algo te agrada mucho pero aún no eres un virtuoso en ello, no te preocupes, ocúpate. Empieza a practicarlo, acércate a quienes ya lo realizan, forma parte de un grupo que lo haga. No tengas temor de pedir que te enseñen; busca en internet videos y escritos que te muestren cómo realizarlo mejor. Algo que yo hubiera querido aprender siendo joven es que lo importante no es difícil de hacer, pero es mucho más fácil no hacerlo.

Comprométete a más de lo que crees que puedes hacer

El primer día del semestre escolar la maestra establece la fecha de entrega del trabajo final. Aunque llegado el plazo no será algo imprevisto, ¿cuándo es que la mayoría de los estudiantes hará esa tarea? Obviamente el día anterior a la fecha de entrega. Tienen todo el semestre pero es la noche previa, junto a litros de café, refrescos, aspirinas y emparedados que, sin dormir, realizan la famosa asignación. Mi pregunta es ¿qué sucedería con esos estudiantes si acostumbraran estudiar y trabajar a ese ritmo durante todo el período escolar? Además de convertirse en adictos al café y desarrollar unas ojeras de vampiro, creo que aprenderían mucho. De hecho, ni siquiera sería necesario sufrir desvelos y su rendimiento, aprendizaje y desempeño serían superiores. Aquí el punto central es que cuando trabajamos bajo presión nos vemos obligados a desarrollar potencial.

¿Qué pasaría si el primer día de clase la maestra informara que el trabajo final del semestre lo entregarían tres días después? Es probable que a los estudiantes les entraría un espíritu de huelga y criticarían a su profesora; afirmarían que es un abuso, injusto e inhumano. No dudo que algunos asegurarían que es imposible hacer ese trabajo en tres días. Sin embargo lo hicieron en uno. ¿Cómo fue posible esto? Pues por la sencilla razón de que sí tenían la capacidad para resolver ese reto en tan poco tiempo.

Te diré un truco para desarrollar tu potencial: "Comprométete a más de lo que te crees capaz de lograr". Si lo haces así te verás obligado a dar el extra, a forzar tu imaginación, creatividad, ingenio y conocimiento. Por ejemplo, pensemos que el dueño de varios restaurantes prueba uno de los deliciosos pastelillos de nuestra amiga la repostera. Como le gustaron, la localiza y le pregunta cuántos pasteles como el que él probó le puede entregar cada día en sus restaurantes. La joven sabe que con su horno y el tiempo que tiene logra producir máximo cuatro. Si quiere desarrollar su capacidad, ella debe comprometerse a entregar cinco o seis cada día. Quizás pienses que es irresponsable, pero te aseguro que si le dan el trabajo, ella encontrará la manera de producir los pasteles a los que se comprometió. Tal vez pida ayuda a alguien; rente el horno de su vecina para hornear en ambas casas; duerma menos horas o qué sé yo, pero estoy seguro de que terminará cada día con al menos seis pasteles. El hecho de haberse comprometido a más de lo que consideraba su límite la ha ayudado a desarrollar más capacidad de la que tenía. Te aseguró que muy pronto producirá más de seis y buscará otros clientes en donde entregar sus postres.

Eres excelente para lo que aún no has hecho

Cuando estudiaba bachillerato era un joven deportista. Formaba parte del equipo escolar de futbol soccer y además me gustaba correr. La mayoría de los días corría por las calles de mi ciudad. A esa edad me gustaba participar en carreras de distancia de más de diez kilómetros. No entraba a carreras cortas porque mi fortaleza era la resistencia, no la velocidad. En las competencias cortas, de cinco kilómetros o menos, no me iba nada bien. Al terminar la preparatoria me fui al noreste de Estados Unidos con la intención de aprender inglés. Me inscribí en la escuela del pueblo en que vivía y participaba allí como cualquier otro alumno. Debido a que en aquel entonces el futbol soccer no era un deporte practicado en todas las escuelas estadounidenses, me integré al equipo de atletismo. Sabía que la excelente condición física que tenía me ayudaría a tener un buen desempeño. Sin embargo surgió un pequeño detalle: en el condado en que vivía el reglamento escolar no permitía que los alumnos participáramos en competencias de más de una milla, es decir 1.6 kilómetros. Imagínate, yo corría en competencias de al menos diez kilómetros y ahora debía competir sólo en carreras cortas, competencias de velocidad.

Competir allí fue frustrante para mí. Carrera tras carrera, cuando llegaba a la meta volteaba hacia atrás y no veía a nadie más. Casi siempre era el último en llegar. Allí concluí que quiénes afirman que lo importante no es ganar sino competir lo dicen porque aunque no ganan a lo mejor llegan entre los primeros lugares, no en el último. La verdad, no se siente nada bien ser el que cierra las carreras. Propongo cambiar esa democrática frase por la siguiente: "Lo importante no es ganar, sino competir, siempre y cuando no seas de los últimos".

Al finalizar una competencia más en la que no quise hacer sentir mal a mis rivales permitiéndoles llegar antes que yo, se acercó la entrenadora a hablar conmigo. Me dijo: "Rafael, creo que esto no está funcionando, no me gusta que estás llegando al final". ¡Qué! No podía creer lo que me decía. ¿Acaso pensaba que llegaba entre los últimos lugares por gusto? Si alguien no disfrutaba lo que sucedía era yo. Sin embargo me quedé callado (además mi inglés no era muy bueno todavía). Supongo que al ver mi rostro ella entendió que tampoco yo estaba feliz con los resultados. Entonces, como iluminada desde el cielo, sus ojos se abrieron, una sonrisa se dibujó en su rostro y me dijo: "Ah, pero si tú eres mexicano, ¿verdad?". En ese momento las piernas se me pusieron más flojas que al terminar un maratón y pensé: "Que no me pida mis papeles". Pero su idea no tenía nada que ver con Inmigración sino con las olimpiadas. Por aquellos años varios mexicanos habían alcanzado grandes glorias como marchistas en las competencias mundiales y ella lo sabía: "Si eres mexicano, en lo que debes participar es en competencias de caminata, no de correr".

Mi primera reacción fue de molestia. ¿Acaso esta señora creía que porque dos o tres mexicanos habían ganado en los juegos olímpicos en caminata, todos los mexicanos somos buenos para ello? ¿Pensaba que en mi país la gente en lugar de trasladarse en automóviles y transporte urbano íbamos a la escuela, trabajo o al supermercado haciendo caminata? Sentí que me había aplicado la famosa regla de tres: Raúl González es mexicano y ganó el oro en marcha, Rafael es mexicano, entonces Rafael debe ser excelente en caminata.

Su conclusión me parecía absurda. Sin embargo me encontraba ante tres alternativas: primera, seguir llegando en último lugar; segunda, salirme del equipo; tercera, empezar a mover las caderas. Opté por lo más sexy y empecé mis entrenamientos en caminata. Mi sorpresa fue gigante al descubrir que era un excelente marchista. No recuerdo haber participado ese año en alguna competencia en la que haya llegado después del tercer lugar. Siempre concluía en el primero o segundo y una que otra ocasión en tercero. Descubrí que incluso era mejor en caminata que en las carreras de fondo. Yo no sabía que había ese potencial en mí. Como nunca lo había intentado, lo ignoraba.

Intenta cosas nuevas

Estoy convencido de que la inmensa mayoría de las personas es excelente para disciplinas que aún no practica. Conozco a una mujer que tomó un pincel por primera vez cuando tenía cerca de los cuarenta años. A esa edad descubrió el maravilloso don que tiene para la pintura. ¿Por qué no inició antes? La respuesta es simple: pues porque no había tratado. Atrévete a intentar algo nuevo. Tal vez en este momento eres muy bueno para algo y por lo mismo no te permites participar en otras actividades. Prueba otras áreas de tu vida. Inscríbete en cursos de disciplinas que jamás pensaste hacer: manualidades, artes, deportes, ciencia, oficios. Quizás posees habilidades mentales que no has considerado. Tal vez estás practicando el deporte equivocado para ti o ni siquiera te has imaginado que seas muy bueno para oficios o profesiones poco comunes. Tal vez te conviertas en una excelente fotógrafa, entrevistadora, comerciante, consejero, pianista, filatelista, diseñador, jugador de rugby, escenógrafa, bailarín o investigadora social. Existen demasiadas opciones en las que puedes ser muy bueno. No te limites sólo a aquellas prácticas del lugar donde vives. Tal vez todavía te estés preguntando qué es ser un filatelista. Te aseguro que no es quién se dedica a hacer filas, me refiero a quien colecciona estampillas postales. Claro que es posible convertirse en experto de un rubro tan poco común como ése y no todos tienen el talento, paciencia, interés ni características para lograrlo.

Somos excelentes para cosas que aún no intentamos.

Tal vez en alguna película, programa de televisión, revista o video de internet encontraste una actividad que ignorabas que existía pero que te pareció atractiva. Indaga al respecto, infórmate y empieza a practicarla. Nunca sabes hasta dónde te llevará esto. Quizás después de un tiempo de practicarlo decides que no es algo en lo que seas muy hábil o descubres que no te gusta tanto como imaginaste. No importa, hazlo a un lado y continúa buscando actividades en las que se manifiesten tus talentos.

Haciendo memoria debo admitir que durante mi infancia, alrededor de los once años de edad, la caminata llamó mi atención. Junto con mi madre y hermanos asistí a un estadio para presenciar unas competencias de marcha en mi natal Hermosillo, en México. El nombre del ganador de la pesada competencia se me tatuó en la mente, Juan Manuel "El Tepupa" Muñoz. Su manera de ejecutar la caminata me impactó. Semanas después me enteré que este deportista vivía muy cerca de mi casa y había formado un grupo de niños marchistas a los que entrenaba para competencias. Nunca me acerqué a ellos ni lo comenté con alguien en casa, ni siquiera con mis amigos, pero me hubiera gustado unirme a su grupo. Algo dentro de mí precibió que entre la caminata y yo había un lazo, algo se encendió en mi interior cuando vi a aquellos marchistas recorrer las calles y entrar al estadio. ¿Qué hubiera sucedido si hubiera descubierto la facilidad que tenía para ese deporte desde niño y con la posibilidad de ser entrenado por un experto? Es un hecho que tenía más talento para la caminata que para correr, y quizás que hasta para el futbol, deporte en el que me desenvolví bastante bien. Obviamente ya no es tiempo para recriminarme esto, sin embargo aprendí la lección, es muy sencilla y quiero compartírtela: hay que aprovechar los chances y atrevernos a intentar actividades nuevas.

Aprovecha las oportunidades de crecimiento que surjan

Por todo lo anterior te recomiendo utilizar las situaciones clave que lleguen a tu vida. Por favor no malinterpretes estas palabras. Que lo hagas no significa que si alguien te ofrece drogas adictivas, asaltar un banco o comerte las raíces del pasto de tu casa, debes aceptarlo. Me refiero a circunstancias que te sirvan para crecer, desarrollarte o innovar. Esto obviamente no incluye actividades que te dañen ni perjudiquen a otros.

Muchas de estas circunstancias surgen en los clubes y organizaciones de tu escuela, iglesia, comunidad o en los trabajos que llegues a tener. Experimentar con empleos parciales o durante tus tiempos de vacaciones te va a permitir aprender, crecer, y tal vez hasta descubrir tu vocación o al menos reconocer a qué no deseas dedicarte. Como ves, me gusta la idea de aprovechar los momentos de oportunidad, sin embargo debes prestar atención y analizar bien las opciones que tengas pues no todas las ofertas que te hagan serán verdaderas ventajas. Algunas de estas circunstancias se presentarán como opciones favorables, pero no siempre lo serán.

Antes de terminar la universidad un par de amigos y yo afrontamos una circunstancia muy atractiva. Un productor de televisión había visto nuestro primer cortometraje cinematográfico y le gustaron los resultados. Por lo mismo nos invitó a participar con él en la producción de una película comercial. Eso era maravilloso para nosotros. Como si esto no fuera suficiente motivación, también nos aseguró que al concluir el filme realizaría un programa de televisión para la cadena más importante de México y quería que nosotros colaboráramos con él para realizarlo. ¡Maravilloso! Era como estar viviendo un sueño. Primero participar en la producción de una película y luego en la de una serie de televisión a nivel nacional.

Para tres jóvenes universitarios cercanos a graduarnos era un momento de oro. Por supuesto que aceptamos la propuesta. En la primera reunión de preproducción nuestro nuevo jefe nos entregó el guión de la película que haríamos. Nos pidió que lo leyéramos y que identificáramos los retos de producción que habría que afrontar. Cuando leí el texto entré en corto circuito. Se trataba de una película promotora del travestismo. Los protagonistas y héroes de la historia eran un grupo de travestis que trabajaban en un cabaret en el que se cometía un homicidio. He aprendido a respetar a cualquier ser humano; sin embargo para mí hay una gran diferencia entre respetar y promover. Tolero que cada quien viva como mejor le parezca mientras no perjudique a terceros; tenemos derecho de hacerlo y defiendo esa libertad. Pero para mí, promover y exaltar ese tipo de vida era algo que me generaba un conflicto interior.

Me tomó todo un día decidir qué hacer. Si aceptaba colaborar en esta cinta, entraba en contradicción con mis ideas. Seguramente nadie se enteraría de ello pero yo sí lo sabría. Si decidía no hacer la película me perdería la posibilidad de trabajar en el programa de televisión pues el productor nos había dejado claro que si trabajábamos bien en la filmación entonces nos contrataba para el programa de televisión. Te explico que en cuanto a experiencia y sueldo era más conveniente, al nivel que me encontraba, hacer televisión que hacer cine. Para empezar, realizas la película en unos cuantos meses y después quedas desempleado, además de que en ese caso específico el presupuesto era bajo. Por su parte, realizar una serie de televisión implicaba trabajo por mucho tiempo, quizás años. Así que estaba en un dilema: colaboraba en promover algo en lo que no creía traicionándome con tal de ganar dinero, o me mantenía fiel a mis creencias a pesar de perder una muy buena oportunidad de trabajo.

Al final de ese tormentoso y confuso día me di cuenta que la verdadera decisión no tenía nada que ver con el productor ni la historia a contar. En el fondo, los vestidos emplumados y desplumados, los pechos artificiales y la vida de antros no era lo que tenía que analizar. Se trataba de mí, de qué tan congruente pensaba ser. ¿Quería actuar conforme a lo que creía o las conveniencias serían más importantes? ¿Valía la pena una excelente experiencia y dinero a precio de autotraición? ¿Qué pesaba más entre tener congruencia y la posibilidad de un buen trabajo?

Al siguiente día fui a casa del productor, le agradecí por la invitación, le expliqué mis razones y renuncié a participar en la producción. Había comprendido que aquella situación no era una coyuntura favorable sino una invitación, una opción. Una oportunidad es algo que te hace crecer, tanto en conocimiento y experiencia, pero también como persona. Actuar contra mis propias convicciones no me generaría crecimiento, mas bien, insatisfacción. Ni hablar, no siempre salen los planes como uno quiere. Mis amigos tuvieron su primera experiencia cinematográfica de manera profesional y yo me quedé sin ella.

Para mi sorpresa, meses después recibí una llamada del productor. Me comentó que ya estaban por iniciar la serie de televisión y que esperaba contar con mi participación. La verdad no sé por qué me invitó, tal vez le faltaba gente y prefirió contratar a alguien que mis amigos ya conocían. Me gustaría creer que lo hizo porque le gustó mi congruencia. No lo sé. Colaboré durante más de dos años en esa producción y fue una gran experiencia en muchos sentidos. Además ese ingreso se convirtió en el medio que me permitió casarme y sostenerme económicamente junto con mi esposa durante nuestro primer año de matrimonio. Recuerda que no cualquier circunstancia que abra sus puertas es una oportunidad para ti, quizá es una invitación y por lo mismo de ti depende optar por tomarla o rechazarla.

Aunque me parezca a tu abuela cuando te contaba historias antes de dormir, te voy a compartir otra más. Cuando tenía como veinte años un conocido mío, amante del canto, grabó una canción que se convirtió en un verdadero éxito en todo el país y otras naciones latinoamericanas. Este amigo se hizo famoso en unos cuantos días y me invitó a trabajar con él en las giras de sus conciertos. Por un tiempo lo hice, pero como eran muchos eventos por el gran éxito de su canción, cada vez eran más los viajes a hacer. Esto ponía en riesgo que terminara de estudiar. Así que un día agradecí a mi amigo su invitación y decidí hacerme a un lado para concluir mis estudios. Esto es algo de lo que no me arrepiento, pues aunque andar de gira musical era atractivo y divertido, terminar la gran oportunidad de estudiar una carrera universitaria para mí era muy importante. Sé que tal vez pienses que ni Bill Gates, ni Steve Jobs, ni Mark Zuckerberg terminaron la universidad y han sido sumamente exitosos; pero quisiera que me dijeras cuántos casos conoces como los de ellos. Considero que muy pocos. Si estás cien por ciento seguro de que tu caso es como el de esos genios de la informática, no hagas caso de mi consejo, convence a tus padres que te permitan hacerlo y conviértete en un creador y en multimillonario antes de llegar a los veintiocho años.

Como ves, hay que aprovechar las oportunidades, pero también hay que aprender a distinguirlas de circunstancias o alternativas. Con esto no intento desanimarte de correr riesgos, lo que te digo es que seas inteligente al elegirlos. Te propondré algunas preguntas que sugiero te plantees antes de decidir si aceptas una invitación o propuesta:

1. Si tomo esta opción, ¿afectó a alguien de manera negativa?

2. Si decido por esta alternativa, ¿estoy siendo congruente con lo que creo?

3. Si elijo esta posibilidad, ¿no afecto otra que tengo actualmente?

4. En caso de que mi respuesta a la pregunta anterior sea un "sí", ¿cuál de las dos es más importante para mí?, ¿cuál me acerca más a lo que deseo dedicarme?

5. ¿Es legal lo que me ofrecen?

6. ¿Me acerca esta invitación a lo que en realidad deseo hacer?

7. Si no se relaciona directamente con lo que quiero, ¿me proporcionará algo valioso que me sea útil después?

8. Qué beneficios tengo si opto por esto?

9. ¿De qué me pierdo si no acepto esta invitación?

10. ¿Qué precio tengo que pagar para mantenerme en esta nueva situación?

Atrévete a intentar disciplinas nuevas, experimenta con pasatiempos, deportes, manualidades, artes, ciencias y oficios. Créeme, tienes mucho potencial por desarrollar, posees habilidades maravillosas, tal vez has encontrado algunas, pero te garantizo que hay otras que aún están esperando que las descubras. Inténtalo.

El capítulo en pocas palabras:

1. Todos tenemos más potencial y capacidad que los que estamos usando. No te limites a lo que has desarrollado, ve por más.

2. Practica aquellas habilidades que has descubierto que posees. No permitas que se oxiden por falta de uso.

3. Entre más practicamos una actividad, desarrollamos más capacidad para hacerla mejor o más rápido. Aprender un nuevo arte te facilita aprender más.

4. Comprométete a hacer más de lo que crees que puedes hacer. Esto te obligará a usar tu creatividad y también a desarrollar tus capacidades.

5. Hay alternativas que nunca has tomado y para las que eres buenísimo. Sí, créeme, eres excelente para actividades que aún no has intentando. Atrévete a intentar oficios nuevos para ti. Experimenta con otros deportes, actividades artísticas, sociales, científicas o diferentes profesiones como mecánica, carpintería, electricidad, repostería, corte de cabello, etc. Te vas a sorprender cuando descubras que tienes dones que ni imaginabas que poseías.

6. Saca ventaja de oportunidades que aparezcan ante ti pero no creas que toda invitación es una buena alternativa. Analiza con calma lo que vas a decidir y sus consecuencias naturales.

CAPÍTULO DOS

Revive tus sueños

Un niño fue al circo y quedó tan impactado con los trapecistas que soñó con un día llegar a ser uno de ellos. En ese momento alcanzar una estrella y saltar o caminar sobre un cable a gran altura eran cosas imposibles. Ese pequeño ahora hace piruetas por los aires. ¿Qué habría sido de él si nunca hubiera soñado con subir al trapecio?

Atrévete a soñar

Soñar es maravilloso, tanto dormidos como despiertos. Bueno, el problema de los sueños mientras uno duerme es que como no los controlamos en ocasiones se convierten en pesadillas, como cuando sueñas que te casas con la persona que no quieres o que reprobaste el año escolar y vas a tener que pasar el resto de tu vida en clase de química; o como cuando sueñas que te vas a caer a un precipicio y te caes, pero de la cama. Pensándolo bien creo que es mejor soñar despiertos.

Soñar implica tener una razón para vivir, algo por qué esforzarnos que haga interesante la vida. Cuando tenemos anhelos hacemos que nuestra mente realice lo mismo que cuando vamos al cine: cuestionarse si el protagonista va a lograr o no lo que él quiere. ¿Le contratarán para dar el concierto en Nueva York?, ¿rescatará a la princesa?, ¿ganará la competencia?, ¿escapará el niño del terrible orfanato?, ¿regresará con la hermosa chica que conoció desde la infancia?, ¿descubrirán al asesino?, ¿morderá su cuello el vampiro y tendrá que vivir el resto de su vida sin dormir? Cuando tenemos metas nos pasa algo parecido, vivimos con la expectativa de lograr eso que deseamos. Esta duda sobre si lo alcanzaremos o no se convierte en una especie de combustible o motivación. Desear algo es parte fundamental de la vida. Quiénes no lo hacen viven en un letargo espantoso, como zombis que lo único que hacen es caminar y caminar sin llegar a ningún lado.

Tener metas es muy importante. Un joven sin sueños es un anciano, y un adulto que ha dejado de soñar, no vive, sobrevive. Vivir así es no tener una razón para continuar respirando; es robarle oxígeno al planeta. Seamos realistas, si no descubrimos un propósito para vivir, nuestra existencia se convierte en algo monótono, sin sentido. Pero cuando tenemos ganas de lograr una meta, de alcanzar un sueño o de cumplir un deseo, todo cambia.

50

¿Cuáles son tus deseos?

Imagínate que vas por la calle y pateas una lata de refresco. De pronto una gran cantidad de humo sale de la lata y aparece un hombre fuerte, moreno y calvo. "Soy el genio de la lata de refresco" te dice, y agrega: "Gracias por sacarme de ese empalagoso envase, ya casi me daba diabetes de tanta azúcar que tenía. Como agradecimiento por liberarme te voy a conceder tres deseos". No lo crees, es tu día de suerte. ¿Por qué no habías pateado antes otras latas? Ahora entiendes por qué muchas personas se dedican a recoger latas vacías en los basureros. Además de vender el aluminio, buscan genios cumplidores de deseos.

Ya que regresas del desmayo que te provocó el tremendo susto de la aparición del genio, él te dice:

—Te concederé tres deseos, pero hay una condición. Cuentas con diez segundos para decirme tus peticiones.

—¿Qué?, ¿diez segundos? ¿Me das un día para pensarlo?

—De acuerdo, pero ahora te quedan dos.

—Entonces olvídalo, ese no será mi primer deseo.

—Que lo olvide es otro deseo, así que ahora nada más te queda uno.

—¡No! He sido un tonto, me quiero morir.

—Tu tercer solicitud me parece muy extraña, pero te la voy a conceder, tus deseos son órdenes.

Como ves, es muy peligroso que se aparezca el genio si no sabes qué quieres. Así, si te surgen oportunidades pero no sabes qué es lo que realmente quieres, el riesgo también es alto.

¿Eres capaz de pedir tus tres deseos con seguridad en diez segundos? Espero que sí, porque si necesitas tiempo para pensar qué es lo que quieres entonces en realidad no lo sabes. Una persona que conoce lo que quiere, lo sabe de inmediato, no requiere tiempo para pensarlo. Si dudas se debe a que no tienes claro qué anhelas y eso es peligroso. Recuerda que quien no sabe lo que desea, nunca lo tendrá. Quien vive sin conocer qué quiere lograr, algo obtendrá, pero no lo que anhela. En nuestro vivir es fundamental tener deseos. Contar con metas es indispensable para aprobar el examen de la existencia.

Ten cuidado de los que te dicen que no seas soñador. Ellos afirman que no es bueno hacerlo porque lo único que obtendrás será frustración por no alcanzar tus metas. ¡Mentiras! Dicen eso porque se rindieron ante sus sueños o jamás los han tenido. Creen que como han vivido ellos es cómo vas a hacerlo tú pero no tiene por qué ser así. Para mí el fracaso consiste en no atreverte a tener anhelos. Eso sí es una verdadera derrota. Un espíritu que no se atreve a soñar está sepultado, muerto, finito, acabado, frío, incinerado, devastado y oxidado.

Es penoso descubrir que muchos adultos creen que soñar es exclusivo para jóvenes. Observa sus rostros y escucha cómo hablan para que entiendas a lo que me refiero. No importa si conducen un auto de lujo o habitan en una casa que parece hotel, si no tienen metas vas a ver sus caras como las de un miserable en espera de que trascurra un día más. Ya no disfrutan lo que tienen porque han perdido el sabor por la vida y su corazón está cansado de lo que tienen pues no poseen incentivos para seguir motivados. Cuando ves a un adulto soñador encuentras todo lo contrario. No importa si tiene pocos o muchos bienes, él sabe que lo importante no radica en lo que posee, su valor descansa en su deseo y esfuerzo por alcanzar sus objetivos. Al ver a un soñador encuentras a alguien distinto, con energía, entusiasmo, planes, proyectos y propósitos. Sus días son una oportunidad más para acercarse a su meta.

Los dos verdaderos motivadores humano

Hay dos aspectos que detonan el potencial de hombres y mujeres, que despiertan el deseo por dar el extra, por avanzar. Aunque no creas lo que te diré ninguno de ellos son los libros de autoayuda. Por supuesto que creo en estos materiales, si no ni me hubiera desgastado en escribir ésta y otras obras. Pero los textos de autoayuda, desde mi perspectiva, deben tener como fin despertar tu conciencia para que te des cuenta de tu potencial y brindarte herramientas para detonarlo. Alentar es un elemento extra que deben ofrecer estas obras, no su razón de ser. La verdadera motivación surge de cualquiera de estos dos elementos que estoy por compartirte.

Estos son la necesidad y los deseos. Sí, los seres humanos poseemos un mecanismo motivacional interno que se activa cuando estamos necesitados o cuando anhelamos algo. Ante las carencias respondemos con acciones inusitadas. Si tenemos hambre, aprendemos a cocinar o nos comemos alimentos que no nos gustaban. En momentos en que tienes ganas inaguantables de ir al baño y te encuentras lejos de casa, la oficina o la escuela, pides permiso en cualquier lugar. No importa si eres la persona más penosa del mundo, lo vas a hacer. Te atreverás a realizar algo que en condiciones normales no harías porque la necesidad te impulsa a actuar.

Si tu mamá o tu abuela argumentan que no hacen ejercicio porque sus piernas ya no lo resisten, pregúntales qué harían si cuando caminan rumbo a la iglesia las persigue un perro. Te aseguro que sin pensarlo saldrían corriendo y tal vez hasta lograrían brincar una pequeña reja para quedar a salvo. Se creen incapaces de realizarlo, pero cuando llegue la urgencia lo harán sin pensarlo. Esto se debe a que la necesidad nos hace reaccionar. Cuando las circunstancias nos acorralan sacamos fuerzas de donde sea y actuamos. Es como cuando tienes que entregar al día siguiente el trabajo escolar que definirá si pasas o no la clase. Te garantizo que vas a tener la motivación suficiente para hacerlo pues te encuentras en un momento de exigencia. Gracias a Dios poseemos este mecanismo que nos hace reaccionar cuando vivimos carencias o emergencias. Si no fuera por eso muchos viviríamos en el inframundo. La penuria nos despierta y provee la energía para luchar, trabajar y esforzarnos para salir adelante.

No importa si estamos en necesidad
o prosperidad, si hay sueños hay
motivación.

El otro motivador que tenemos se llama deseo. Quien tiene verdaderos sueños está motivado para trabajar por ellos. Es como cuando te enamoras. De pronto tu cabeza se ha ido al suelo y tu corazón rebasa tus pensamientos. Sientes grandes deseos de estar con la persona que te gusta. Inventas cosa y media con tal de estar cerca de ella: "Como estaba por aquí pasé a saludarte". Ja, ja. Por supuesto que no estabas por allí. Tuviste que tomar dos autobuses y caminar como siete cuadras para llegar hasta ese lugar. Pero no te importó porque tenías el deseo de verle. Incluso tomaste la precaución de indagar a qué hora estaría en su casa. Los anhelos nos motivan, nos dan la energía y las fuerzas para hacer lo que regularmente no haríamos.

Cuando un joven o jovencita desea ser titular en su equipo deportivo entrena todo el tiempo que sea posible. Si termina la práctica entonces continúa ensayando en casa. Anhela tener el puesto, quiere jugar, desea sobresalir. Eso es tener deseos y ellos son los que nos motivan a dar el extra, a no rendirnos, a continuar a pesar de las adversidades. En el momento en que una pareja de enamorados quiere casarse, por lo general no escucha los prudentes consejos de sus padres:

—Hijo, hija, no se casen aún, esperen un poco. Ni siquiera tienen suficiente dinero para pagar una renta.

—Pero papá, el dinero no lo es todo. No me importa en dónde vivamos, lo que vale es que nos amamos. Estoy dispuesto(a) a vivir debajo de un árbol.

Por supuesto que no sabe lo que dice. Es bastante incómodo vivir debajo de un árbol, en especial cuando llueve, hace calor o el clima está frío y sobre todo si no eres Tarzán, un chimpancé o una ardilla. Además, eso de comer gusanos está bien para Timón y Pumba, pero los seres humanos preferimos comer otros víveres. Sin embargo el deseo de este par de enamorados es tan grande que están dispuestos a sufrir si es necesario con tal de estar juntos.

—No entiendo por qué no me quieren tus papás— le dice Ramiro a su novia.

—Hay Ramiro, yo tampoco lo entiendo. Tal vez sea porque quieres que nos casemos y no trabajas.

—Pues quiero que sepas, y también se lo diré a ellos, que por ti hasta soy capaz de trabajar... Por un tiempo.

¿Lo ves? Los deseos nos motivan y nos impulsan a hacer actos extraordinarios. El hombre o mujer que no tiene claros sus deseos reaccionará hasta que la necesidad le alcance. Lo malo de esto es que si tenemos urgencia es porque estamos en problemas. Además la carencia nos motiva mientras no hemos arreglado el problema; pero una vez resuelto, deja de impulsarnos. En cambio los sueños nos energizan siempre. No importa si estamos en escasez o prosperidad, si hay sueños hay motivación.

Todo en la vida se crea al menos dos veces

Existe una ley de vida que nos muestra la relevancia de saber qué deseamos. No profundizaré en la importancia de vivir por principios. Me limito a afirmar que éstos no son lo mismo que los valores. Estas leyes universales nos indican las consecuencias de nuestros actos y funcionan, creamos o no en ellas. Esto quiere decir que si las entendemos y consideramos al tomar decisiones, seremos capaces de saber el resultado que obtendremos. Detente un segundo a pensar en esto. Analiza el beneficio de saber con bastante seguridad cuáles serán las consecuencias de lo que hacemos. ¿No te parece maravilloso? Si aprendes a moverte con base en principios predecirás con buen grado de certeza cómo te ira en clase; si tus amigos te van a respaldar; si te despedirán de tu empleo o si tu novia se enfadará por lo que planeas hacer. Por todo esto resulta fundamental conocer las leyes que nos rigen. Así que pon a trabajar tus neuronas para retener y aplicar este importante tema.

El primer precepto que te comparto es el siguiente: para que cualquier actividad se desenvuelva como queremos, necesitamos crearla al menos dos veces. Sé que esto suena extraño. Permíteme explicarlo con más detalle. Si queremos que nuestros proyectos resulten como deseamos, es indispensable primero crearlos en nuestra mente. En otras palabras, para lograr lo que es importante para nosotros debemos planearlo o diseñarlo. Primero generamos los proyectos en nuestra mente o imaginación, luego los plasmamos en un papel o en un archivo digital para finalmente producirlos en la realidad. Si no imagino y esbozo lo que deseo obtener va a ser poco probable que lo genere físicamente.

Te pongo un ejemplo. Cuando cursaba secundaria unos compañeros de clase y yo teníamos que hacer la presentación de un trabajo que nos había comisionado la maestra. Se trataba de un proyecto de Ciencias Naturales. Debíamos realizar una investigación, pegar información en cartulinas y presentarla al resto del grupo. La fecha límite se aproximaba y nosotros no nos organizábamos. El día previo a la presentación al salir de clases mis amigos y yo nos reunimos para "ponernos de acuerdo". Recuerdo que nuestra junta no duró más de tres minutos. Rápidamente uno de ellos nos dijo qué haría cada quien para exponer al día siguiente.

Nuestra presentación fue todo un fracaso. Uno de mis amigos y yo desarrollamos el mismo tema y por lo mismo hubo un punto importante que nadie expuso. Nuestros apoyos visuales estaban más feos que el Jorobado de Notre Dame y cuando la maestra nos hizo preguntas nos quedamos como si nos estuviera hablando en árabe. Creo que a nadie le sorprende lo que nos pasó. La presentación no salió como queríamos porque no la planeamos. Si no hacemos bien la primera creación, es decir, la planeación, la génesis que se dan en la mente, en un papel, en una computadora o con dibujos, tampoco saldrá bien la segunda creación, la física, la de la vida real.

Imagina a un hombre que empieza a erigir su casa sin haber hecho planos de construcción. Te aseguro que va a tener problemas. De pronto se dará cuenta que los espacios no quedaron como deseaba: la cocina muy grande y su recámara muy pequeña. Si no incluyó en el plano cada detalle, cuando la obra esté concluida no le gustará. El resultado no será lo que en realidad quería. Tal vez hará modificaciones y pedirá a los albañiles que tiren muros, abran más ventanas, instalen más salidas de corriente eléctrica, etc. Todo esto lo habría podido evitar si primero hubiera dedicado tiempo a hacer la creación mental de su casa. Al imaginarse cada habitación y plasmarla en el plano, las posibilidades de tener físicamente el resultado deseado se hubieran incrementado. Como contraparte, al no hacerlo, las consecuencias serían las que recién comenté.

Lo mismo pasa con nuestra vida. Cuando no nos tomamos el tiempo para imaginar lo que deseamos, no lo obtendremos. Por supuesto que algo saldrá, pero no lo que queríamos. Es como lo que sucedió a Daniela, una joven que fue al centro comercial con sus amigas para comprar ropa. En su cumpleaños sus tíos le regalaron dinero y pensaba invertirlo en vestuario. El problema de Daniela era que no tenía claro qué quería comprarse. Entraban a las tiendas y sus amigas le sugerían prendas. "Esto está bellísimo", "Pruébate estos pantalones, son los que están de moda", "Mejor cómprate un sombrero, te vas a ver muy sexy", "¿Ya viste esta blusa?" Como Daniela no sabía qué quería terminó comprando ropa que no le agradaba. Por supuesto que a sus amigas sí, pues en realidad ellas eligieron las prendas. Daniela se sentía confundida. Cuando llegó a su casa y revisó lo que adquirió, su angustia aumentó. Se había equivocado. No debió permitir que sus amigas influyeran tanto en sus decisiones. Al menos había un par de prendas que ella no estaba dispuesta a usar. ¿Por qué le sucedió esto? Pues porque no sabía qué era lo que deseaba. Recuerda que cuando no planeamos la primera creación, la segunda saldrá terrible. Aprendamos que cuando no definimos lo que queremos, alguien más lo decidirá por nosotros.

Imagina lo que anhelas

Por lo que acabamos de ver resulta importante tener claro qué quieres en los temas más importantes de tu vida. ¿Cuáles son esos puntos? Me imagino varios como por ejemplo a qué te quieres dedicar; cómo quieres que sea tu pareja; cómo deseas que sea tu salud cuando estés más grande; qué estilo de vida quieres tener.

En una ocasión me encontraba impartiendo un seminario y expuse este tema de la doble creación. Di varios ejemplos y expliqué la idea. Después pregunté si alguien tenía algún comentario o duda. Una mano se levantó en medio de los asistentes. Era una mujer de unos cuarenta y tantos años.

—¿Está usted sugiriendo que todo en la vida se crea al menos dos veces, primero en nuestra mente y luego en la vida?

—Sí, eso es lo que dije.

—Pues yo no estoy de acuerdo. No creo que funcione.

—¿Por qué dice esto?, ¿tiene alguna experiencia por la cual piensa así?

—Por supuesto que tengo una experiencia. No estoy de acuerdo con que todo lo que tenemos ahora se debe a que antes lo creamos en nuestra mente. Por supuesto que no. ¿A poco usted cree que yo me imaginé tener el tipo de matrimonio y esposo que tengo? ¡Ni que estuviera loca!

> Cuando no nos tomamos el tiempo para pensar lo que queremos, entonces no lo tendremos.

Muchas personas se rieron al escuchar la afirmación de la señora. Obviamente su esposo no estaba en el evento, si así hubiera sido en lugar de risas se hubiera producido un silencio absoluto. En realidad el suyo no fue un comentario prudente, pero sí valiente. Además debo admitir que su planteamiento era muy interesante. Si todo se crea dos veces, primero en nuestros pensamientos y luego en la realidad, ¿por qué a veces tenemos resultados que no nos gustan?

Le respondí con una pregunta:

- Señora, me gustaría saber si antes de aceptar a su esposo como novio sabía con certeza cómo era el tipo de matrimonio que deseaba tener. ¿Había usted imaginado cómo quería que fuera su pareja?, ¿tenía claro cómo debía ser el hombre que se convertiría en su marido?, ¿había pensado qué cualidades debía tener alguien para calificar como su compañero de vida?

La mujer se quedó pensando unos segundos y respondió con un rotundo no.

—¿Lo ve? Si usted no tenía claro cómo quería que fuera su pareja, entonces el resultado es lo que tiene, no lo que le hubiera gustado. Por supuesto que siempre tendremos un resultado. El punto es que si no tenemos claro qué deseamos, obtendremos cualquier cosa.

En ese momento el silencio llenó el salón. Entonces agregué:

—La situación puede ser peor. Es claro que usted no pensó qué tipo de matrimonio quería y por lo mismo no lo tiene; pero tal vez su esposo sí sabía cómo quería vivir y entonces la eligió a usted. En realidad eso no lo sé, quizás él tampoco sabía lo que anhelaba y ahora tienen una vida que se construyó sin planos.

Recordemos que al no definir qué queremos cabe la posibilidad de que alguien más decida por nosotros o que las circunstancias vayan definiendo el rumbo de nuestra existencia.

Los sueños no se inventan, se descubren

Cada ser humano tiene un ADN de anhelos. A lo que me refiero es a que hay algo dentro de nosotros desde que somos pequeños que marca la tendencia hacia lo que nos gusta. No a todos nos entusiasman las mismas actividades y retos. Jamás he entendido cómo a los médicos les gusta la idea de tratar con enfermos todos los días. Ignoro de dónde toman el deseo por realizar cirugías, abrir cuerpos y trabajar con individuos que se debaten entre la vida y la muerte. Lo que sí comprendo es que tienen una vocación para ello, un anhelo por hacerlo. Así como para mí es un deleite leer, escribir, investigar y escuchar los retos cotidianos y profesionales de la gente, para ellos eliminar el dolor físico, operar y recetar, son actividades que les llevan a cumplir su más grande deseo: sanar a las personas o evitar que se enfermen. Esto no es algo que se propusieron lograr porque sí. Algo en su interior les mostró que trabajar como médicos les haría felices.

De igual manera pasa con las actrices, políticos, carpinteros, maestros, publicistas, asesoras de imagen, cantantes, bailarinas, mecánicos, investigadores, policías, pilotos, soldados, diseñadores, arquitectos, artesanos, costureras, ingenieros civiles, agricultores, psicólogos, deportistas, estilistas, maquillistas, cronistas deportivos y cualquier otra profesión, oficio, arte o deporte. La tendencia que poseemos en nuestro ADN de anhelos está clara y grabada dentro de nosotros. En el mundo sólo encontraremos ideas que tenemos que comparar con ese ADN que poseemos hasta que lo que hacemos y lo que anhelamos coincida.

Afirmo que los verdaderos sueños no se inventan, se descubren. Descubrir significa "quitar la cubierta", es decir, esos gustos ya los tenemos pero están ocultos tras una coraza de olvido. Cuando vemos a alguien realizar alguna de las actividades que están en nuestro interior, parte de la tapa que las esconde se desquebraja y deja que lo que acabamos de observar se conecte con ese pedazo de anhelo que salió por la rajadura. Ante esta conexión nuestras emociones despiertan y sentimos entusiasmo y admiración. Junto con estas emociones nos llenamos de una energía que nos invita a ponernos en acción en ese mismo instante. Queremos dejar todo y empezar a practicar lo que acabamos de presenciar. ¡Wow, acabamos de descubrir uno de nuestros anhelos!

Los verdaderos sueños no se inventan, se descubren.

Hace poco tomé un curso de guionismo cinematográfico en una universidad de Ciudad de México. Fueron dos emocionantes días de información y análisis de fragmentos de películas desde la perspectiva del guión. Al concluir la sesión se podía respirar en el ambiente el anhelo de los participantes por salir corriendo y sentarnos frente a un teclado para empezar a escribir. Camino a casa mi mente creaba historias, personajes, tramas y hacía cambios de giro en diferentes historias. ¡Me urgía escribir! Quería detener el trabajo, las actividades programadas en mi agenda y hasta los eventos familiares para empezar a transformar en letras todas las ideas que pasaban por mi cabeza. Mientras conducía sentía la necesidad de detenerme en algún restaurante, sacar mi laptop y empezar a teclear. ¿Seré capaz de escribir un guión del nivel suficiente que alguien lo quiera convertir en película? Acababa de surgir un nuevo sueño, una nueva meta.

Para llegar a la conclusión anterior no tuve que inventar nada, sólo reviví algo que estaba guardado dentro de mí desde siempre. Lo mismo tienes que hacer tú para establecer tus sueños. No importa si sólo tienes diecisiete años o ya pasaste de los sesenta, tu ADN de anhelos no ha cambiado, sigue allí, empolvado, cubierto con telas de descuido, costumbre o responsabilidad; empañado por las seducciones del mundo publicitario y el famoso "debe ser" que nos dictan los amigos, la familia y las instituciones. Atrévete a desenterrar tus sueños. No temas redescubrir lo que verdaderamente anhelas. Tener objetivos y metas no es una posibilidad para fracasar, sino un incentivo para vivir.

Tres amigos para descubrir tus sueños

A mi entender, he encontrado una manera práctica de conocer cuál es tu misión en la vida, o al menos una de ellas. Creo que fuimos creados con un propósito. A eso le digo "llamado" o "misión". Los llamados en nuestra existencia son los que nos producen satisfacción verdadera. Es posible vivir acumulando bienes, novias, dinero, premios, pulseras o lo que sea, pero mientras no nos dediquemos a aquello para lo que fuimos creados, no tendremos una existencia plena. Este es nuestro ADN de anhelos y es claro que nuestros sueños se relacionan con ello.

¿Alguna vez has tenido un grupo de amigos o amigas con los que has creado una verdadera hermandad? Cuando ese conjunto de personas está presente algo sucede, es como si la unión de los talentos, ocurrencias y forma de ser de cada quien produjera una especie de magia. Cuando falta uno de ellos la situación no es igual. Quizás pasemos bien el rato sin él o sin ella, pero no es lo mismo. He tenido el privilegio de contar en varias ocasiones con un equipo de "camaradas" como ése. Recuerdo al que tuve, por ejemplo, durante mis años de bachillerato. Uno de estos amigos era Luis, él aportaba, además de lealtad, sus conocimientos de mecánica. Si Luis estaba con nosotros, salir a carretera en un automóvil viejo no nos preocupaba. Mientras él formara parte del equipo sabíamos que si algo fallaba, Luis lo repararía. En una ocasión hasta nos lanzamos mar adentro en una lancha con un motor en semi funcionamiento, pero no importaba, él estaba allí. Otro amigo de la pandilla era Joaquín. Con él no había puerta que se nos cerrara u obstáculo imposible de afrontar. Era atrevido y arrojado. Con él al lado el aburrimiento desaparecía. Héctor, por su parte, era la bujía que de pronto encendía la maquinaria de todos. Una locura suya cambiaba por completo el resto del día. Era tan transparente que se enteraba de sus propios pensamientos al mismo tiempo que nosotros. Para concluir, Chesco daba cierta sofisticación al grupo. Su mezcla de análisis adultos y locuras juveniles nos invitaban a la reflexión y al atrevimiento. Pensaba en el futuro con ansia y luego se enfocaba en el presente para disfrutar. Este fue mi clan de amigos durante una bella época. Cuando nos reuníamos algo sucedía. Cada uno traía al grupo cualidades únicas que al unirlas algo maravilloso surgía.

Creo que dentro de cada ser humano existen tres amigos como los míos que, de igual manera, cuando se encuentran en el patio del alma la fiesta se pone muy buena. Cada uno de estos compañeros aporta un ingrediente fundamental para cocinar uno de los platillos más importantes del ser humano: su misión de vida, la razón de ser de sus sueños. Cuando estos tres elementos coinciden, la cubierta que tapa los anhelos se desbarata y descubrimos nuestros sueños. El reto de todo ser humano para descubrir su llamado consiste en lograr unir estos tres compañeros de la infancia: el disfrute, los talentos y la pasión. Conozcamos mejor a cada uno de estos amigos para sacarlos del baúl en que los hemos olvidado. Hagamos una reunión en la que invitemos a los tres y destruyamos las armaduras que han tapado la más grande fiesta: nuestra misión en la vida.

El disfrute, el amigo más divertido

Este compañero es el que más nos agrada. Es el ingrediente con que se nutre la misión de vida. Este amigo nos muestra las actividades que disfrutamos. Son esas tareas que cuando las hacemos el tiempo se nos pasa volando. Antes de que siquiera lo notemos llevamos dos, tres o cuatro horas invertidas y nos parecieron minutos. Para identificar a este amigo sólo hay que hacernos preguntas como: "¿Qué es lo que más me gusta hacer?", "¿con qué tipo de actividades es con las que más me divierto o las que más disfruto?" Aquí "divertirse" es la palabra clave, pero tenemos que identificar a qué nos gusta jugar más.

Tengo la bendición de contar con dos certificaciones como coach y algunas como instructor de diferentes cursos de desarrollo personal y profesional. También me formé como consejero familiar. Así que muchos años de mi vida los he dedicado a escuchar a otros. Tengo la capacidad y preparación para sentarme, hacer preguntas y oír lo que la gente tiene que decir. Me gusta hacerlo. Sé que hay quien se desespera ante esto o que no le agrada hacerlo. A mí no me molesta y lo hago con gusto. Sin embargo cuando me dan un micrófono y una plataforma para impartir una conferencia me siento como pez en el agua. Practicar la oratoria es una diversión para mí. Prefiero mucho más tener una exposición en público que el trabajo uno a uno de la consejería o el coaching. Realmente disfruto mucho cuando doy una conferencia; es como un juego en el que sé que voy a pasar un tiempo divertido. La mayoría de las veces me dan una hora para hablar. Esos sesenta minutos se me pasan tan rápido que si por mí fuera seguiría hablando por mucho más rato. Cuando cuento con un lapso mayor me siento mejor que cuando en la escuela un maestro no se presentaba a clase y teníamos la hora libre.

Lo que deseo mostrar es que hay prácticas que nos agradan, pero hay otras que disfrutamos mucho más, que son un verdadero placer, toda una diversión, las cuales haríamos por siempre gustosos. Esas actividades que nos entusiasman son el amigo al que llamo "disfrute", el que brinda alegría y fiesta a nuestra alma. Es importante encontrar y descubrir este compañero en ti para unirlo con las aportaciones que hacen los otros dos y descubrir tu misión o llamado en la vida.

Te comparto unas preguntas para identificar a tu amigo más divertido:

Preguntas para indentificar lo que te produce "disfrute"

1. ¿Con qué actividades te sientes más cómodo cuando las practicas?

2. ¿Con qué prácticas sientes que el tiempo pasa de prisa?

3. ¿Cuál es o cuáles son las disciplinas que estarías dispuesto a pagar porque te dejaran hacerlas o las realizarías por puro gusto?

4. Si el dinero no fuera problema, ¿a qué te dedicarías?

5. Si te pagaran lo mismo por hora por hacer cualquier trabajo, ¿en qué te gustaría trabajar?

Creo que las respuestas a las preguntas anteriores tienen todo que ver con lo que más te agrada. Saber cuáles son te ayudará a descubrir lo que más disfrutas en tu vida. Cuando lo sepas habrás dado un primer paso para definir tu propósito.

El talento, el amigo más efectivo

Todos somos buenos para algo. No existe un ser humano sin habilidad para realizar de manera efectiva alguna actividad. Los talentos son las habilidades naturales que tenemos para desempeñarnos bien y rápido. Nacemos con talentos, por eso también les llamamos "dones", pues la palabra "don" significa "regalo". Los talentos que tienes son un regalo de parte de Dios. Él te los dio desde que te formó en el vientre de tu madre. No es algo que tuviste que aprender para hacerlo, te sale natural. Esto no quiere decir que no puedas desarrollarlos estudiando, practicando o aprendiendo de otros; pero hay habilidades que fluyen naturalmente.

Veamos un ejemplo para entender mejor lo que es el talento. A mí me gusta mucho la música. Siempre ha sido así. Desde pequeño recuerdo a mi hermano y a mi hermana tocando el piano. Supongo que motivado por verles también entré a tomar las clases de este instrumento. Si no me equivoco estuve alrededor de dos años asistiendo dos o tres veces por semana a las sesiones con la maestra que vivía frente a nuestra casa. Por supuesto que aprendí a tocarlo; aunque debo admitir que mi avance fue parecido al de un artrítico corriendo el maratón de Boston. En realidad no tenía talento para el piano a pesar de que me gusta mucho la música. Ahora las únicas veces que lo toco es para moverlo de lugar. Por el contrario, cuando éramos niños, mis hermanos avanzaban en su dominio del instrumento como verdaderos profesionales. En Rosendo veía cómo su pasión se mezclaba con una habilidad envidiable. Mi hermana Adela también mostraba un talento increíble. Mi hermana menor, Yolis, tocaba pero no se destacaba tanto (aunque también lo hacía mejor que yo), pues su talento evidente está en la repostería (cosa que me gusta tanto como la música). A Adela se le facilita tocar en piano cualquier canción que escucha en la radio. Es obvio que ellos tienen ese talento y yo no. Esto no quiere decir que yo no sea capaz de aprender, pero para mí tocar una partitura del libro más sencillo era comparable al levantamiento de pesas olímpico. ¿Por qué? Pues porque no es mi talento. Ellos mejoraban sus habilidades rápido porque poseen una habilidad innata.

Esto no es cuestión de justicia o injusticia, cada quien tenemos nuestros propios dones y en lugar de envidiar los de alguien más debemos aprovechar y enfocarnos en los nuestros. Hace poco al concluir una conferencia se acercó a mí una persona para decirme que admiraba mi forma de comunicarme. Me confió que a él hablar en púbico le parecía algo imposible de alcanzar. Le pregunté a qué se dedicaba y me contó que su trabajo consistía en instalar sistemas satelitales de internet y televisión, así como reparar equipos electrónicos. Con honestidad le dije que para mí era como un sueño imposible hacer lo que él hace. Todos tenemos talentos pero solemos anhelar aquéllos que vemos en los demás en lugar de enfocarnos en los nuestros. En mi caso descubrí que poseo la facilidad para tomar ideas, sintetizarlas y explicarlas. No se me hace complicado leer o identificar teorías, conceptos e ideas y convertirlas en algo sencillo de comprender. Tal vez no sea un don tan espectacular como otros pero me ha facilitado mucho la vida e incluso se ha convertido en una pieza fundamental de mi trabajo y forma de ganar dinero. Recuerda que ningún talento es despreciable y todos son útiles.

Los dones que tenemos son verdaderos amigos porque nos brindan una ayuda extraordinaria. Lo que este compañero nos provee es efectividad. Esta es la palabra clave del talento. Con efectividad me refiero a desempeñarnos bien y rápido, sin desgaste. Con seguridad has conocido gente con facilidad para comprender las matemáticas; otros, para crear con sus manos; otros más, con habilidades para entender cómo funcionan las cosas y reparan el automóvil, la plomería de casa, las máquinas, etc. También existen personas con destrezas deportivas, artísticas, científicas o para las relaciones humanas. Te repito que no existe un ser humano sin algún talento, todos tenemos uno o varios. La clave está en que descubramos cuáles son. Ni se te ocurra pensar que tú no tienes uno, lo único que sucede es que no te has enfocado en encontrar cuál es. Otra razón por la que se nos dificulta identificarlos es porque sólo buscamos entre los dones más conocidos o populares, como suelen ser los artísticos y deportivos; pero existen muchos más. ¿Acaso habías pensando en el don de capacidad de síntesis y comunicación que te comenté? Seguramente no. Tú tienes talentos y en ellos tienes un clave importante para descubrir tu misión de vida.

69

Así que prepárate para identificar tus talentos. La manera más sencilla es preguntarte: ¿Para qué soy bueno?, ¿qué hago bien?, ¿qué actividades o acciones termino más rápido que los demás?, ¿qué elogian de mí mis amigos, familiares, maestros o colegas?, ¿qué actividad para otros es difícil y a mí me parece fácil? Toma en cuenta cualquier tipo de reconocimiento que te hagan tus conocidos, amigos, maestros y familiares. Voy a listar algunos talentos para que busques los tuyos. Recuerda que hay más dones, pero al menos te incluyo cincuenta:

1. Un deporte	26. Escribir historias, poemas, etc
2. Producir arte	27. Aprender idiomas
3. Hacer amigos	28. Imitar personas o animales
4. Generar confianza en otros	29. Decorar o diseñar

5. Escuchar a la gente	30. Vender
6. Analizar situaciones y decidir	31. Convencer a otros
7. Planear actividades y proyectos	32. Negociar
8. Cocinar	33. Calcular medidas y espacios
9. Distinguir sabores y olores	34. Aceptar a la gente como es
10. Contar historias, bromas o chistes	35. Argumentar
11. Reparar equipos	36. Memorizar
12. Entender cómo funcionan las maquinas	37. Mantener la calma en situaciones difíciles
13. Hablar en público	38. Comprender rápido
14. Dar consejo	39. Combinar colores
15. Ordenar información y objetos	40. Operar maquinaria
16. Capacidad de síntesis	41. Improvisar
17. Comprender ciencias	42. Inventar o innovar
18. Paciencia	43. Comprender a la gente
19. Hacer bien a los demás	44. Identificar y distinguir sonidos
20. Coordinar o dirigir personas	45. Hacer manualidades
21. Administrar recursos	46. Visualizar e imaginar
22. Hacer negocios	47. Divertir a los niños

23. Adaptarse a las circunstancias	48. Influir sobre los demás
24. Desempeñarse bien en la naturaleza	49. Enseñar
25. Explicar con claridad	50. Oficios (carpintería, corte de cabello, costura, etc.)

La pasión, un amigo valiente

Este otro amigo, como suele pasar en la vida, es sumamente diferente al primero. En lugar de enfocarse en el gozo se concentra en lo opuesto. Creo que los anhelos profundos de cada persona están rodeados de pasión. Esta es una palabra que ha sido mal usada y por lo mismo ha perdido su sentido original. Algunas personas oyen "pasión" y lo relacionan con sexo o entusiasmo. Cuando decimos: "Es un apasionado", pensamos en alguien que no se rinde, que manifiesta su gusto por algo; pero en realidad eso no significa. Pasión se parece más al amor que al entusiasmo. Significa querer tanto algo que estamos dispuestos a sufrir por ello. Sí, pasión implica sufrir. Puede sonar masoquista, pero no lo es, pues alguien apasionado no busca el sufrimiento para ser víctima y sentirse la novia despechada de las comedias amorosas. No, una persona que anhela algo con pasión no se detiene ante los obstáculos que le impiden alcanzar su meta. No importa que haya desvelos, traiciones, requisitos o lo que sea; la persona apasionada tolera todo eso con tal de alcanzar su sueño. La pasión duele y el valor es el ingrediente que aporta este amigo.

Quien anhela algo con pasión
no se detiene ante los obstáculos.

A la gente no le duele todo por igual. Me refiero al sufrimiento del alma. A cada quién nos lastiman cosas diferentes. Por ejemplo, a todos nos conmueve ver a un pequeño pidiendo comida o limpiando los cristales de los automóviles en una esquina, pero a algunos les produce más que pena, les parte el corazón. La pasión que sienten por esos niños es fuerte. Así, mientras unos son movidos ante la cara sucia y abandonada del pequeño, otros sólo se entristecen un poco y para unos cuantos más el chico pasa desapercibido. No todos experimentamos el mismo nivel de dolor porque nuestra pasión por resolver esa situación no es la misma.

He conocido gente que se siente herida ante diferentes realidades. A unos les lastima mucho cierta situación y a otros, otra. Por ejemplo la injusticia, el abandono, las divisiones en la familia y los amigos, la falta de respeto, la guerra o la caza de ballenas. Algunos poseen una pasión por los ancianos que han sido olvidados por sus familias; otros dan todo por las almas carentes de fe o por quienes padecen enfermedades terminales. No todos somos tocados con la misma profundidad ante los mismos hechos. En ti existe una pasión que se duele ante alguna o varias situaciones específicas. Identifica cuáles son y tendrás la tercera clave para trazar tu ruta hacia tu propósito de vida. Recuerda, en la pasión encuentras lo que más te duele.

Preguntas para descubrir tu pasión:

1. ¿Qué circunstancias te estremecen y te hacen sentir mal?

2. ¿Qué te gustaría que dejara de existir en el mundo?

3. ¿En qué te gustaría ayudar a los demás o al planeta?

4. ¿Recuerdas alguna situación o noticia que te haya impactado tanto que movió tu corazón?

Dios no permite que nos duelan algunas situaciones para que nos sintamos mal, de ninguna manera. Sentimos eso porque nuestro corazón es sensible a ello y porque algo hay en nosotros que nos impulsa a actuar al respecto. Cuando descubrimos qué es esto entedemos que nuestros talentos y gustos se pueden unir para combatir este dolor. Lo que más nos gusta, lo que más nos duele y nuestros talentos, son la combinación única y perfecta para vivir nuestra misión.

Reuniendo a tus tres amigos

Para este momento ya debes tener claro cuáles son tus tres mejores amigos y lo que ellos aportan a tu vida. Recuerda que la pasión despierta el dolor, el disfrute provee juego y tu talento aporta efectividad. Estoy convencido que cuando reunimos estos tres factores descubrimos cuál es nuestra misión de vida, es decir, la realización auténtica de nuestros sueños. Veamos algunos ejemplos para comprender mejor a lo que me refiero.

A Cristina siempre le ha gustado el baile, en especial el ballet moderno. Ella disfruta cuando baila. Además de tomar clases casi todos los días, danza todo el tiempo: mientras camina hacia la universidad, en su recámara, en la cocina; es como si sus pies no supieran hacer nada más que bailar. Es obvio que para ella el baile es un juego, es lo que su amigo el "disfrute" aporta a su vida. Una gran ventaja para Cristina es que posee habilidad natural para bailar. Desde la primera vez que tomó una clase la maestra vio una gracia especial en ella. No necesitaba demasiadas correcciones para mejorar su técnica; pareciera que su cuerpo hubiera sido diseñado y programado para danzar. Algo hay en ella que le facilita danzar. Su amigo el talento también estaba invitado a la fiesta y por lo tanto ella sabe zapatear muy bien. En cuanto a la pasión, Cristina siempre ha sentido una carga en su alma por las niñas huérfanas. Su corazón se quiebra cada vez que se entera de que una pequeña ha perdido a sus padres o no tuvo la oportunidad de conocerlos. Es por ello que, desde bachillerato, asistía a orfanatos con los grupos de acción social de su escuela. Ahora Cristina, además de contar con su academia de formación en danza para jovencitas, da clases gratuitas de baile en un orfanato y ofrece presentaciones con sus niñas para recabar fondos. Ella supo reunir su talento con lo que más le gusta y lo que más le duele. No hay algo que satisfaga más a Cristina que ver a las pequeñas bailar y al público aplaudirles. Ella ha sido testigo de cómo la autoestima de las huerfanitas ha incrementado con la danza; ahora se sienten más seguras y durante los ensayos ella disfruta su convivencia con las alumnas, es su manera y oportunidad de expresarles cariño a través de su talento. Cristina no le exige más a la vida, esos momentos, como dicen por allí, no tienen precio.

Javier es periodista, dentro de sus talentos se encuentra la habilidad de comunicar sus ideas por escrito y disfruta mucho de la lectura, el análisis e investigar. Algo que siempre le ha molestado es la injusticia. Cada vez que se entera de actos en contra de inocentes su corazón se acelera y siente coraje y dolor. Algunos de sus reportajes tienen que ver con promover justicia y denunciar corrupción y abusos; pero además apoya con dinero a una agrupación de su país que lucha por sacar de prisión a individuos que han sido encarcelados sin razón alguna. También invita conocidos suyos a colaborar con esa causa a través de donativos o con sus servicios; por ejemplo, ha invitado a colegas a publicar historias de personas detenidas injustamente y también a abogados a donar parte de su tiempo para estudiar casos de sujetos encarcelados por motivos inexistentes. ¿Lo ves? El talento de Javier se ha reunido con lo que le apasiona y lo que más disfruta.

¿Qué talentos tienes?, ¿qué es lo que más disfrutas hacer?, ¿qué circunstancias son las que más te incomodan, duelen o mueven tu corazón? Descubre a estos tres amigos, reúnelos y… ¡empieza tu fiesta!

Haz tu tablero de sueños

Una manera práctica de definir lo que anhelas es a través de realizar tu tablero de sueños. Esto es algo que he realizado muchas veces en talleres de diseño de deseos y también con mi familia. En lo personal hago un tablero nuevo a más tardar cada cinco años e invito a mi esposa e hijas a que también hagan el suyo.

El tablero de sueños consiste en colocar en una cartulina u hoja de buen tamaño las imágenes que representen cómo quieres estar dentro de cinco años. El ejercicio consiste en que reúnas un buen número de revistas, tijeras, pegamento, el cartón donde pegarás las imágenes y marcadores de colores. La idea es que llenes tu tablero con imágenes que muestren cómo quieres estar dentro de cinco años. En esa cartulina vas a poner fotos, dibujos, palabras e ideas que digan en dónde quieres vivir, qué vas a estar haciendo, qué vas a tener, con quiénes te vas a relacionar, cuál será el centro de tu vida. El propósito es que ese tablero se convierta en un claro reflejo de lo que anhelas.

Usa tu imaginación, divide tu cartulina en secciones como: lo que quiero tener, cómo pienso ser y lo que deseo hacer; o define secciones por áreas de tu vida: intelectual, emocional, profesional, física y familiar. También fragméntala con base en los tres amigos de los que hablé antes. Distribuye las imágenes como quieras; lo importante es que todo tenga sentido para ti. Te invito a que no dejes esto de lado, es algo muy importante y lo que sucede es increíble. Te aseguro que en mi caso y en el de mi familia hemos logrado vivir mucho de lo que hemos colocado en nuestros tableros de sueños. Incluso te sugiero digitalizarlo y colocarlo en la pantalla de tu computadora.

Si en verdad quieres acercarte a tus sueños lo primero es que los definas con claridad. Qué mejor forma de hacerlo que con imágenes. Recuerda que todo en la vida se crea al menos dos veces. Este ejercicio te ayudará a hacer la primera creación. Este es el primer paso para alcanzar tus deseos. Reflexiona sobre lo que en realidad anhelas; revisa quiénes son tus tres amigos y atrévete a soñar; no te detengas, anhela en grande; recuerda que el fracaso surge de no establecer tus metas.

El capítulo en pocas palabras:

1. Necesitas tener sueños y metas en tu vida.

2. Hay dos motivadores humanos, la necesidad y el deseo.

3. La necesidad nos motiva cuando tenemos carencias, los deseos lo hacen siempre.

4. Todo en la vida se crea al menos dos veces, primero en nuestra mente, luego en un papel o un archivo digital y finalmente en la realidad.

5. Si no sabes qué quieres, ¿cómo lo vas a obtener?

6. Los sueños no se inventan, se descubren. Siempre has tenido deseos en tu corazón, ahora es cuestión de recordarlos o reconocerlos.

7. No caigas en la trampa de desear algo simplemente porque todos lo quieren o porque te presionen los demás.

8. Tus sueños tienen que ver con tu propósito de vida, tu verdadera razón de ser.

9. Para descubrir tu razón de ser toma en cuenta tres cosas: lo que más te gusta hacer, aquello para lo que tienes talento y lo que más te causa dolor en tu corazón.

Vive con actitud libre

Un elefante estaba atado con una soga a una pequeña estaca. A pesar de ser mucho más fuerte que su atadura, no la rompía. Se había acostumbrado a vivir así. Un día debido a un incendio corrió y reventó la cuerda. Entonces se dio cuenta que era libre y que siempre lo había sido.

¿Eres libre o eres esclavo?

¿Somos libres o esclavos? Esta es una pregunta que hago con frecuencia en mis seminarios. Algunas personas me han respondido que somos esclavos y otras que somos libres. Me dan respuestas como: "Somos libres porque vamos a donde queremos sin que alguien nos lo impida", "Somos esclavos porque tenemos que trabajar para ganar dinero", "De jóvenes somos esclavos porque no hacemos lo que queremos, nuestros papás nos controlan", "Somos libres puesto que elegimos lo que deseamos estudiar", "Somos esclavos debido a que los maestros nos exigen un horario, tareas y deberes en general".

La verdad es que esta pregunta es engañosa pues en realidad existen varios tipos de esclavitud y de libertad. Si pensamos en la libertad o esclavitud física, la mayoría somos libres; pero si consideramos a quienes están en la cárcel, entonces afirmamos que tienen una forma de esclavitud. Hay que ser más claro en cuanto a qué tipo de libertad o esclavitud me refiero. De lo que hablo es de la libertad o esclavitud en la azotea, es decir en nuestra cabeza, en nuestros pensamientos. ¿Habías pensado alguna vez en la posibilidad de ser esclavos en nuestra mente aunque vivamos en un país libre?, ¿Sabías que somos capaces de hacernos esclavos de otros sin que ellos sepan que son nuestros amos? Suena cruel ¿no? Parece increíble, pero la verdad es que es más común de lo que te imaginas. ¿Qué pensarías si descubres que a veces actúas como esclavo de otras personas?

Estoy convencido de que todos queremos ser libres. A nadie le gusta la idea de ser esclavo; sin embargo muchas veces vivimos con los grilletes puestos en nuestra mente y terminamos pensando y actuando como siervos, obedeciendo a los más extraños amos que imagines. Sí, las personas tenemos la posibilidad de actuar con base en pensamientos libres o pensamientos esclavos. Cada vez que decidimos algo lo hacemos movidos por alguna de esas dos posturas. Cuando estas ideas se convierten en acciones, entonces hablamos de actitudes, una actitud libre o una esclava; y esta actitud determina la forma en que vivimos, los resultados que tenemos y las oportunidades que aprovechamos o dejamos ir.

Te aseguro que si sigues leyendo vas a descubrir a quiénes has elegido como tus amos sin siquiera darte cuenta. ¿No te da miedo? Hoy descubrirás de quién o quiénes te has convertido en esclavo. La buena noticia es que también, y por lo mismo, tendrás la posibilidad de romper esa dependencia para vivir con una libertad que tal vez nunca antes hayas experimentado. Cuando logramos darnos cuenta de ello es más difícil que nos convirtamos en esclavos de alguien. Por supuesto que es probable hacerte esclavo otra vez, pero ahora al menos lo reconocerás y estarás capacitado para renunciar a tu esclavitud y abandonar a tu amo.

Cuando tenemos una actitud esclava nuestros resultados no son los que queríamos; vivimos como otros ordenan y nos acostumbramos a estar enojados, frustrados o conformes. Lo peor de todo es que llegamos a acostumbrarnos tanto que terminamos creyendo que así es la situación y que no nos queda de otra. Por el contrario, quien tiene actitud libre alcanza mayor satisfacción en su vida a pesar de los retos y dificultades. Su felicidad, logros y alegrías no dependen de lo que los demás hagan o dejen de hacer. Cuando aprendamos a vivir con actitud libre estaremos felices en medio de problemas y situaciones difíciles. Si esto te parece mentira de libro de autoayuda es porque probablemente ya te acostumbraste a tener que vivir como esclavo y crees que no hay opción. Tengo buenas noticias. ¡Es posible desarrollar una actitud libre y sólo depende de ti que sea así!

Descubramos cómo funcionan estas dos alternativas para elegir vivir con autonomía. Recuerda que como enfrentemos los problemas y retos será como viviremos. Es por esto que te aseguro que la actitud que tenemos determina todo. Sí, tal como te lo digo, determina todo. Quizás parezca una exageración, pero estoy convencido de que la gran ventaja que alguien tiene para triunfar y ser feliz no son sus dones, talentos, temperamento, contactos o el dinero. Aunque lo anterior ayuda, todo eso se va por la borda si tenemos la actitud incorrecta. Y si carecemos de lo anterior, pero poseemos una actitud libre, cada día será un aliado, un desafío, una oportunidad y una esperanza.

La actitud esclava

En los tiempos de la esclavitud física los esclavos dependían de lo que sus amos ordenaran. Dedicaban su existencia a realizar lo que sus dueños dijeran. Un esclavo no tenía la oportunidad de elegir qué hacer; debía seguir las indicaciones del amo. Si el hacendado daba la orden de que ordeñara la vaca a las cinco de la mañana, a esa hora el siervo debía hacerlo. Al dueño no le importaba si su sometido estaba cansado, tenía sueño, se sentía enfermo o si no estaba de humor para realizar el trabajo. No, el esclavo obedecía. Era impensable que un esclavo dijera a su dueño: "Mi amo, ¿no le parece que hacer la ordeña a esa hora es muy temprano? Tenga misericordia, a las cinco de la mañana hasta la vaca está dormida y como que esa no es una forma muy respetuosa de despertarla, ¿no le parece mejor que la ordeñe a las ocho?". Eso era imposible. Ningún esclavo decía a su dueño qué es lo que tenía que hacer, el asunto era al revés. Todo esclavo dependía de su amo. El sometido hace lo que su señor ordena. Depende de él, no tiene opción.

La esclavitud fue algo tan cruel que ni siquiera se les permitía a esos hombres y mujeres mantener sus nombres. En lugar de sus propios apellidos se les ponía el de su amo, así se dejaba claro de quién eran propiedad. Su subordinación era total. Su vida y futuro dependían del amo. Si dormían o descansaban no era una decisión que ellos tomarían, la dictaba el patrón. Vemos en las películas que nos hablan de esta desgracia lo terrible que era la vida de los esclavos. En la actualidad tenemos la bendición de que la esclavitud es algo condenado e ilegal. Sin embargo poseemos otros tipos de sumisiones, ya no físicas, pero a fin de cuentas, son esclavitud.

Mucha gente vive como esclava en pleno siglo XXI y ni siquiera se ha enterado de ello. Recordemos que el esclavo es quien no decide por sí mismo lo que será su vida, sino que alguien o algo más es quién dicta lo que debe hacer. Las adicciones son una nueva forma de dependencia, de rendición de la voluntad. Es una pena que con frecuencia encontremos personas que han perdido lo que más aman por su esclavitud a las drogas, el alcohol, la pornografía, los videojuegos, los amigos y hasta las redes sociales. Tal vez piensas que tú no eres adicto a cualquiera de estas actividades, y si ése es tu caso, me da mucho gusto; pero si te das cuenta que estás haciendo algo que no quieres, que te perjudica o daña tus relaciones; o que le dedicas cada vez más tiempo y dejas de hacer otras actividades más importantes, estás en un vicio que te esclaviza. Para salir de esta esclavitud necesitas pedir ayuda pues no es posible salir de ella por tus propias fuerzas. Te repito, si estás viviendo así necesitas que alguien te ayude.

> Mucha gente vive como esclava en pleno siglo XXI y ni siquiera se ha enterado de ello.

Las adicciones no son la esclavitud mental de la que quiero hablarte. Por supuesto son una cárcel traicionera que te hunden y roban tu vida; pero en este capítulo quiero que veamos otro tipo de esclavitud, la de nuestra actitud. Esta trampa tiene que ver con situaciones o personas que sin darnos cuenta obedecemos hasta cuando no nos dan órdenes. Sé que suena misterioso e increíble, pero es cierto. Muchos de nosotros, si no es que todos de vez en cuando, elegimos hacernos esclavos de alguien que ni siquiera sabe que es nuestro amo.

La dueña de Georgina

Georgina se propuso iniciar la semana con buena actitud. El fin de semana escuchó un audiolibro de autoayuda y ha decidido tener un comportamiento optimista y alegre. En la mañana temprano puso en su perfil de Facebook: "Hoy tendré la mejor actitud, será un día maravilloso". Camino a la escuela escuchó música, evitó los informativos, no quería malas noticias que robaran su buen ánimo. Quería estar en la actitud correcta. El problema empezó poco después de llegar al colegio. Todo marchaba bien, pero mientras platicaba con Ricardo apareció Cristina, una de sus compañeras. Con sólo verla se ponía de mal humor. Ricardo vio el cambio en el rostro de su amiga y le preguntó:

—¿Por qué estás "de malas"? Hoy leí en tu muro que estarías optimista, ¿qué onda?

—¿Cómo que por qué Ricardo?, ¿no viste quién llegó? Cristina es una pedante. Con sólo oír sus pasos me pongo de mal humor. ¿Viste cómo camina y que ni voltea a vernos? Se siente la reina del colegio.

—Pues sí, pero no veo por qué te enojas tanto.

—Pues porque es imposible no hacerlo. De verdad que yo venía de buen humor, pero con esta creída no es posible estar de buenas.

—Más vale que aprendas a convivir con ella porque la verás todos los días. Además ya sabes que es parte de las organizadoras de la convivencia que tendremos este fin de semana.

—Ay Ricardito, quiero que te enteres de una vez que si esa ridícula está en la reunión, yo no asistiré.

—Pero me habías dicho que tenías muchas ganas de ir a la fiesta.

—Sí, pero si ella va, yo no voy y menos si es de las organizadoras. Si sabe contar, que no cuente conmigo.

Los casos de Genaro, Patricia y Raúl

Genaro ha cambiado bastante este último año. Ha dejado su forma de vestirse, peinarse y hasta de ver a los demás. Desde que empezó a juntarse con los "duros" del bachillerato se ha transformado. Pablo, su mejor amigo está sorprendido. Él lo conoce bien, habían sido inseparables por años y sabe que Genaro no es así. Hasta ha dejado de juntarse con él y sus otros compañeros. Ahora todo lo decide pensando si lo que hace le va a caer bien a sus nuevas amistades.

Ayer se encontraron en las redes sociales y conversaron un poco. Pablo se atrevió a preguntarle qué estaba pasando. Genaro tomó una actitud de "no pasa nada" pero al final aceptó que está actuando diferente, que le sucede algo raro y es que no le gusta la idea de contradecir a sus nuevos amigos y ha preferido complacerlos a pesar de que no se divierte tanto como cuando se reunía con sus otros compañeros. Incluso le confesó a su amigo que ha tenido problemas con sus papás por su nueva apariencia y aunque en cierta manera entiende que está actuando mal, no se atreve a aceptarlo por completo y termina defendiendo su nueva conducta. "Así soy ahora y lo hago porque quiero". Sin embargo a medida que seguían con la charla parecía no estar tan seguro.

Patricia está frustrada, sus papás le acaban de prohibir salir el fin de semana. La razón es que se peleó fuertemente con su hermana. La disputa inició porque una vez más Verónica usó una de sus blusas sin pedírselo. Además de tomarla sin preguntar, no la colocó en la lavadora y ahora que ella la quiere usar, la blusa está sucia. Le molesta que su hermana haga eso. El problema es que en lugar de tener una discusión tranquila perdió la cabeza, le dijo obscenidades y terminó dándole una cachetada. No es la primera vez que esto pasa; en realidad con cierta frecuencia Paty y Vero "se agarran de las greñas" como dice su mamá.

—¿Por qué le pegaste a tu hermana?

—Es que ella siempre toma mis cosas sin pedírmelas,

me molesta que se ponga mi ropa como si fuera la de ella, yo jamás hago eso con sus prendas.

—Entiendo, pero esa no es la manera correcta para arreglar el asunto, no tienes por qué golpearla y decirle todo lo que dijiste.

—Pues no lo puedo evitar, ella misma se lo buscó. Fue ella quien provocó todo esto y ahora tuvo sus consecuencias. Ella sabe que eso me enfada mucho. Se lo ganó.

—Pues tú también te has ganado que no saldrás el fin de semana. Olvídate de ir al cine y menos a la fiesta que tienes el sábado. No voy a permitir que se lleven así.

Raúl forma parte del equipo de futbol de su escuela. Su posición es centro delantero. Es un apasionado de este deporte. Sin falta todos los lunes, miércoles y viernes asiste a los entrenamientos; sin embargo desde que Apolinar entró al equipo el entrenador ha dejado de incluirlo en la lista de jugadores que inician los partidos. Raúl está convencido de que es mejor jugador que su compañero. Cree que la razón por la que ha sido sustituido es simplemente porque Apolinar le cae mejor al entrenador. Al principio pensó que el coach quería ver cómo jugaba su compañero, pero ahora no piensa así. De los últimos seis encuentros Apolinar ha iniciado todos los partidos.

Raúl ha perdido interés en los entrenamientos, incluso en las últimas tres semanas ha faltado dos veces, situación que nunca había sucedido. Marco, amigo suyo y capitán del equipo, le dijo que no se desanimara, que entrenara al ritmo de siempre, que se trataba sólo de una mala racha; pero Raúl no lo ve así. Cree que, mientras Apolinar continúe siendo el favorito del entrenador, él seguirá calentando la banca.

La esclavitud siempre nos perjudica

Los ejemplos anteriores nos muestran a cuatro jóvenes que actuaron con actitud esclava. Recordemos que un esclavo es aquél que depende de su amo para ver qué hace. Sus decisiones no se basan en lo que más le conviene, lo que quiere o lo que cree, sino en lo que otros, o las circunstancias, le dicen. Sus respuestas dependen de lo que pasa, no de lo que desea. Su forma de actuar es más una reacción que una respuesta; decide sin pensar, motivado por lo que los demás hicieron o por lo que está pasando.

En el caso de Georgina es claro que se ha convertido en esclava emocional de Cristina. Si ésta aparece en el salón, Georgina se *tiene* que poner de mal humor. Sus emociones dependen de si Cristina asiste o no a la escuela. Se ha vuelto tan dependiente emocionalmente de ella que su sola presencia cambia su estado de ánimo. Es como si dijera: "Yo estaría de buen humor si Cristina no viene porque si viene me tengo que poner de malas, pues mis emociones dependen de ella". Es más, ni siquiera es indispensable que Cristina esté presente para que ejerza presión sobre su humor; con que en una plática alguien mencione su nombre, se molesta de inmediato. Georgina se ha convertido en una esclava emocional de su compañera y lo más cruel es que Cristina ni siquiera sabe que ella es su ama. Es tal la esclavitud emocional de Georgina que ya no piensa ir a la reunión el fin de semana. Si asiste o no a la fiesta ya no depende de ella sino de Cristina. Georgina le ha entregado ese poder a Cristina sin que ella siquiera lo sepa o lo haya pedido. Ha cedido su libertad a la chica que no soporta.

¿Existe la posibilidad de que Georgina no se ponga de mal humor cuando Cristina está presente? ¿Es posible que no nos pongamos de malas cuando vemos a alguien que nos cae mal? Por supuesto que es posible. Incluso es viable estar en el mismo lugar, convivir y mantener la calma y el buen ánimo. No importa si esa persona que es nuestra torturadora emocional está malhumorada, traumada o es muy presumida. Si ella desea echarse a perder su día, que lo haga; nosotros no tenemos por qué desperdiciar el nuestro… A menos que ya nos hayamos convertido en sus esclavos.

Gerardo vive una situación parecida. Sus decisiones, acciones y comportamientos ahora los decide con base en lo que agrada o no a sus nuevas amistades. En la escuela ya no se reúne con sus otros compañeros porque sabe que los "duros" se burlarían de él o le mostrarían algún tipo de rechazo. Aunque no le agrada mucho la nueva ropa que usa lo hace para agradar a sus nuevos amos. Está dispuesto a perder a sus verdaderos amigos, meterse en problemas con sus papás, bajar sus calificaciones y vivir como no le gusta con tal de obedecer a estos jóvenes. ¿Puede alguien dejar de hacer lo que otros quieren para actuar como le gusta a pesar de la presión? Claro, muchos lo hacen. Quienes actúan como quieren a pesar de las circunstancias son personas con actitud libre que han aprendido a mantenerse haciendo lo que desean y creen a pesar de las circunstancias que les presionan.

Patricia se "enganchó" con lo que hizo su hermana y en lugar de responder de manera inteligente actuó llevada por su coraje. El problema ahora es que por hacerlo recibió un castigo. Si no hubiera respondido así no tendría la corrección, podría disfrutar su fin de semana y seguramente Verónica sería la única reprimida por sus padres. En lugar de ejercer su libertad para responder de manera adecuada, su lado esclavo la llevó a vivir consecuencias indeseables. No respondió, reaccionó.

Por su parte Raúl ha empezado a actuar en contra suya. En lugar de concentrarse en entrenar más y mejor, de hacer un esfuerzo por tener mejores participaciones y demostrar en la cancha que es un jugador efectivo, se ha enfocado en lo que considera el favoritismo de su coach por Apolinar. Está reaccionando sin poner atención en lo que le debía interesar: cómo recuperar su titularidad. Su actitud esclava lo está alejando cada vez más de regresar a iniciar los encuentros de su equipo. Si lo que quiere es ser un titular debería enfocarse en hacer más esfuerzo, preparase, entrenar, jugar mejor. Pero está permitiendo que el coraje, los celos o la envidia lo dominen, se ha vuelto esclavo de eso en lugar de actuar con libertad, con inteligencia.

El camino hacia la actitud esclava

Algo interesante es que cuando actuamos como esclavos, todos tomamos acciones similares. Es como si hubiera un camino trazado para vivir en esclavitud. Lo primero que hacemos es culpar a alguien por lo que nos está pasando. Nosotros somos unos lindos inocentes que hemos tenido la mala fortuna de que algún villano, bruja o malévolo vampiro nos haya elegido para chuparnos la vida. Si regresamos a los ejemplos anteriores, Georgina sufre por culpa de la malvada Cristina; Genaro es abusado por sus desalmados compañeros de clase; Paty tiene una hermana traicionera y Raúl sería el mejor futbolista del mundo si no fuera por culpa del Gargamel de su entrenador. ¿Lo ves? Ninguno es parte del problema que tienen, por el contrario, los villanos son otros y ellos son dulces palomitas de las que los demás abusan. Así es como empieza el camino hacia la actitud esclava, repartiendo culpas.

El siguiente paso que damos para entrar al mundo de la esclavitud es creer que somos víctimas. Obviamente si creemos que lo que vivimos se debe a las malas intenciones de los perversos que nos rodean, entonces ¿qué somos nosotros? ¡Víctimas! Nos convertimos en los pobrecitos de la telenovela: "¿Por qué a mí?", "Dios mío ¿qué hice para tener estos padres?", "¿Por qué todos me tratan mal?", "¿Hasta cuándo voy a seguir viviendo esto?", "Reprobé porque ese profesor la trae contra mí". Ni por error nos ponemos a pensar que si nos están pasando cosas negativas tal vez es que estamos haciendo algo mal. Tal vez reprobamos el examen porque no estudiamos suficiente; quizás el maestro o nuestros padres son duros con nosotros por la forma en que nos comportamos con ellos. Ah, pero esto no es así, nosotros sufrimos porque el mundo es injusto; el universo ha conspirando contra nosotros. Recuerda que el segundo paso hacia los grilletes es pensar que somos víctimas.

En el tercer paso creemos que no tenemos nada que ver con lo que está sucediendo, todo pasa por lo que otros están haciendo o dejaron de hacer. Patricia no ha entendido que su mamá la castigó por lo que ella hizo, por insultar y golpear a Verónica. Ella sigue empecinada en que la culpable de todo es su hermana. Como está en el camino del esclavo se enfoca en lo que la villana de su hermana ha hecho, no en cómo ella decidió responder. Por su parte Georgina está convencida de que su mal humor depende de Cristina, no de ella. Como si tuviera un botón de "on" y "off" que su compañera aplastara con un control remoto. Cree que le es imposible controlar su estado de ánimo.

La cuarta estación en el camino del esclavo consiste en pensar que para que nos vaya bien necesitamos que los villanos se conviertan en nuestros aliados o que las circunstancias de la vida se alineen a nuestro favor. En otras palabras, no creemos que debamos cambiar algo. De ninguna manera, nosotros estamos bien. Recuerda, somos las víctimas, los pobrecitos de la historia. Es más, no sólo no creemos que debamos cambiar, pensamos que si lo hiciéra-

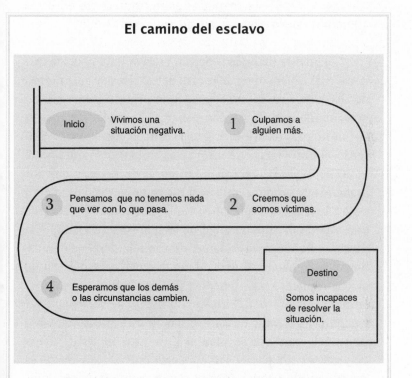

Diag. 1. El camino del esclavo. Al vivir un momento inconveniente podemos caer en el camino hacia la actitud esclava. El primer paso consiste en culpar a alguien más o a las circunstancias por lo que nos pasa (1). Por lo mismo nos asumimos como víctimas (2) y creemos que lo que pasa no tiene nada que ver con lo que nosotros hacemos o dejamos de hacer (3). Por lo tanto, nuestra única esperanza de que las cosas mejoren es que los culpables o las circunstancias cambien a nuestro favor (4), convirtiéndonos en personas incapaces de resolver la situación (destino).

mos de todas maneras las cosas seguirían igual, pues afuera Darth Vader sigue actuando en nuestra contra. La lógica de la mente esclava nos dice que para que nuestra vida sea maravillosa es necesario que nuestros archienemigos dejen de serlo, se conviertan en niños y niñas buenos o que desaparezcan. Pensar así es creer que sólo mejoran las circunstancias cuando todos en la vida se comportan como nosotros queremos que lo hagan, realidad que no pasará.

Bajo esta manera de pensar esclava Raúl necesita que nadie más quiera jugar de centro delantero, que su entrenador lo meta al partido hasta cuando deja de meter goles o que cuando uno de sus compañeros sea titular renuncie a su puesto para dejarlo entrar en la cancha. En el caso de Gerardo, él necesitaría que sus nuevos amigos de pronto no se molesten si él se junta con sus otros compañeros; o que por lo menos de pronto cambien la forma en que se visten para poder usar la ropa que antes vestía. Por su parte Georgina está esperando que un ángel se le aparezca a Cristina y le diga que ha sido una pedante, presumida, desconsiderada, buena para nada y grosera. Que después de eso, llena de arrepentimiento, vaya a pedirle perdón, humillarse y decirle que cambiará por completo su forma de ser para estar tranquila en el salón de clase, o si no le dirá que se cambiará de escuela para que su presencia ya no le moleste. ¿Crees que esto vaya a pasar? Por supuesto que no, la vida no es así. El mundo no gira alrededor de nosotros; no somos los únicos actores de esta película ni los más importantes. Todos actuamos en esta historia y cada quien trata de vivir su papel. Todos pasamos situaciones difíciles, incómodas y desfavorables. Absolutamente todos.

Cuando vivimos con actitud esclava terminamos esperando que todo y todos cambien para tener lo que queremos. Esto nos lleva al final del camino del esclavo. El triste destino de quien decide tener una actitud esclava es ser incapaz de resolver los retos que la vida le presenta. Como piensa que es víctima y que no tiene nada que ver con lo malo que le sucede, no lo resuelve; tiene que esperar a que sus villanos decidan cambiar. Necesita que el hombre araña deje su traje negro y regrese a ponerse el rojo. Recuerda bien esto, el precio a pagar por tener una actitud esclava es que nos volvemos incapaces de resolver nuestros problemas y por lo tanto vivimos destinados a sufrirlos por siempre.

Si de pronto te descubres culpando a otros por lo que te está pasando, ¡peligro! Acabas de entrar al camino hacia la esclavitud: "Es que mis papás no me quieren", "El maestro la trae contra mí"; "El profesor me reprobó"; "Me dejan de hablar porque me tienen envidia". ¡Cuidado! ¡Detente! Estás dando tus primeros pasos hacia el sendero que te impedirá resolver ese reto, estás adentrándote en el camino del esclavo.

Desarrollando una actitud libre

Vivir con actitud libre es lo que más nos conviene hacer. Te garantizo que si te acostumbras a responder con esta forma de pensar alcanzarás muchas metas y resolverás los desafíos que debas enfrentar. Tener una actitud libre no significa que todo va a salir bien, que no habrá problemas y ganarás de todas, todas. No, eso no es actitud libre, es un sueño imposible. Lo bueno de la actitud libre es que te permite resolver los retos, encontrar soluciones, reducir consecuencias negativas, o por lo menos intentarlo.

Al responder con actitud libre en lugar de responsabilizar a otros aceptamos la realidad y nos enfocamos en identificar qué hacer para resolverlo, afrontar las consecuencias o que eso no vuelva a sucedernos. Si Raúl abandona el camino del esclavo y empieza a actuar con libertad se concentrará en hacer todo aquello que le ayude a mejorar su desempeño como centro delantero: entrenará más y con mayor entrega; cuando tenga la oportunidad de jugar dará su mejor esfuerzo; practicará hasta los días que no hay entrenamiento. En lugar de estar buscando a quién culpar aceptará que Apolinar es el titular y que él necesita jugar aún mejor para recuperar su puesto.

Con una actitud libre Patricia entenderá que la próxima vez que su hermana tomé alguna de sus prendas sin su permiso, lo que debe hacer es platicar con ella y sus padres para no perder la cabeza y disfrutar del fin de semana con sus amigos. Que si alguien sale regañada sea su hermana por no respetarla, pero no ella por agredirla. La actitud libre nos acerca a encontrar soluciones a los problemas y alternativas de acción para lograr lo que queremos.

El hombre que cometió tres errores cuando nació

Para entender este asunto te platicaré lo que le sucedió a un doctor el siglo pasado. Este médico cometió tres errores el día que llegó al mundo: nació a principios del siglo veinte, en una familia judía, en Austria. Así, cuando era adulto los nazis tomaron Austria, mataron a sus padres y a su esposa, lo despojaron de sus bienes y lo enviaron al peor campo de concentración alemán de la Segunda Guerra Mundial, Auschwitz. En su reclusión el Dr. Víctor Frankl experimentó las terribles situaciones a las que fueron sometidos millones de hebreos: trabajos forzados, hambre, frío, abuso, homicidios y muchas aberraciones como éstas.

Mientras el Dr. Frankl estaba preso observó que muchos de los prisioneros respondían a lo que vivían con un mismo tipo de acciones: depresión, desánimo, suicidio o intento de suicido, deseos de venganza, etc. Creo que cualquiera de nosotros entiende que cuando te tratan tan mal resulta normal y hasta entendible que la gente responda así. La lógica le decía que las personas actuaban de esa manera por como les trataban los nazis; es decir, estaban desanimadas y se querían morir o vengar porque los soldados las maltrataban demasiado. Sin embargo al observar sus comportamientos y los de sus compañeros de barraca se dio cuenta que no todos respondían así.

En su libro *El hombre en busca de sentido* Frankl comenta que era tan común que muriera la gente que aprendieron a reconocer en los rostros quién sería el próximo en fallecer. Narra que cuando algunos presos consideraban que un individuo ya no lograría sobrevivir un día más, le quitaban su ración de alimento para comerla ellos. Si alguien los cuestionaba, argumentaban que era obvio que esa persona moriría, ¿para qué desperdiciar el pan en alguien que no lo aprovecharía? Además, agregaban, los nazis les daban tan poco que si no hacían eso también perecerían ellos. Pero Frankl vio que otros prisioneros en lugar de quitarles el alimento a los moribundos les obsequiaban el suyo. ¡Momento! Estos presos que se sacrificaban y dejaban de comer también eran torturados por los soldados; ellos también recibían maltratos, abusos, frío, trabajos forzados y poca comida. Entonces, ¿por qué actuaban distinto a los demás? Su comportamiento dadivoso demostraba que ante una misma situación las personas reaccionamos de diferentes maneras. En realidad, tanto los que privaban al moribundo de la comida como quienes le compartían la suya actuaban así porque era como decidían hacerlo. En este sentido ni los nazis, ni las circunstancias tenían algo que ver con sus acciones. Su forma de comportarse era una decisión de cada uno de ellos.

Lo que el Dr. Frankl confirmó es que los seres humanos poseemos algo que nadie nos puede quitar. Afirmó que los nazis ya le habían arrebatado a él todo: sus bienes, su familia, su libertad física, la salud y si querían, también podían disponer en cualquier momento de su vida; pero había algo de lo que era imposible despojarlo, a él o a cualquier ser humano. Este hermoso tesoro imposible de robarnos, a menos que decidamos entregarlo, es la libertad para elegir cómo vamos a responder ante lo que los demás o las circunstancias nos hacen. A esto, Frankl lo llamó "la última libertad humana".

Analicemos un poco. La respuesta común cuando alguien nos trata mal es también tratarle mal, tenerle miedo o alejarnos. Eso era lo que pasaba con la mayoría de los prisioneros. Los nazis sabían que si los trataban así, reaccionarían de esa manera. Sin embargo había otros que respondían distinto. En lugar de odiarlos decidían perdonarles; en vez de intentar suicidarse planeaban cómo escapar y en lugar de quitarles la comida a los moribundos dejaban de comer las suyas para entregárselas a ellos. Esto quiere decir que el ser humano no tiene que responder conforme a cómo lo tratan ni a la situación que está viviendo.

—¿Por qué le pegaste a tu hermano?

—Porque él me pegó primero.

Con esta respuesta el niño le está diciendo a su mamá: "Yo no le pegué a mi hermano, él se autogolpeó con mi brazo", "Yo no soy responsable", "Yo no hice nada", "Ni modo que no le pegara si él me pegó". ¿Qué?, ¿no hizo nada?, ¿no le pegó a su hermano?, ¿era la única opción que tenía?, ¿no tenía otras alternativas de respuesta en lugar de golpearlo?

Esta respuesta es parecida a la de los prisioneros que decían que los responsables de que ellos les quitaran el alimento a los moribundos eran los nazis. Esta es una respuesta esclava, dependiente de lo que los demás hacen o dicen, como si el niño o los prisioneros fueran títeres de los demás. Los prisioneros que decidían actuar distinto lo hacían con base en lo que creían o querían. Lograban controlar sus instintos y respuestas automáticas para intentar comportarse mejor, de una manera congruente con ellos mismos. Justo a esto le llamo actitud libre, actuar no con base en los condicionamientos que otros o las situaciones nos ponen, sino con base en lo que queremos y creemos. Cuando actuamos así nos enfocamos en lo que deseamos lograr.

Los ejemplos de actitud libre

Si Genaro tuviera una actitud libre conviviría con sus antiguos amigos, se vestiría como lo hacía antes y no tomaría en cuenta lo que opinaran los rudos de su clase. Incluso, si así lo quisiera, también continuaría reuniéndose con ellos. Por supuesto que esta decisión tendría consecuencias, pero todo las tiene. Cualquier decisión genera efectos, incluso no decidir también produce sus propias secuelas. Sin embargo cuando actuamos con base en nuestras creencias, los resultados suelen ser más favorables. Al revelarse Genaro ante sus amigos tal vez se burlarían de él y dejarían de incluirlo en sus actividades, pero estaría comportándose como quiere en lugar de vivir como le indiquen otras personas. La actitud libre tiene un precio a pagar, pero recordemos que el precio de la actitud esclava es la incapacidad para cambiar las situaciones negativas que vivimos, ¿cuál costo es más alto?

Georgina tiene capacidad para dominarse cuando se molesta con su hermana. Si quiere responder como persona libre necesita primero tomar control de sí misma. En lugar de empezar a gritar y aumentar su enojo puede respirar profundo, alejarse de su hermana, calmarse y después hablar con ella o incluso con sus padres para que le ayuden a que Verónica no tome su ropa. Esto además de evitarle problemas, le ayudará a resolverlos.

Te es posible desarrollar una actitud libre. Si lo haces te garantizo que te irá mucho mejor en todo lo que hagas. Sea en la escuela, en las relaciones con tus amigos, familia o novio, actuarás con base en lo que quieres lograr. No siempre es fácil, pero tampoco es muy difícil. Te voy a compartir algunas ideas prácticas que te ayudarán a pasar de una actitud esclava a una libre. Mencionaré unos secretos para que vivas tu propia independencia de la esclavitud.

1. Reconoce cuándo actúas con actitud esclava

El paso número uno para vivir menos tiempo con actitud esclava es que aceptes que a veces actúas así. Mientras no queramos admitir que nos paseamos por la vida con un grillete gigante en nuestra actitud, no seremos capaces de salir de esa cárcel mental. ¿Cómo darte cuenta? Muy fácil, cuando veas que estás culpando a alguien más o a las circunstancias por lo que te está pasando, acabas de empezar el camino del esclavo. En ese mismo momento detente y no avances. En el camino del esclavo entre más avanzas, más difícil será salirte; es como si con cada paso que dieras te fueras metiendo más y más en arenas movedizas.

En cuanto te oigas responsabilizando a otros por lo que estás viviendo es momento de parar. No importa si alguien más es el responsable de lo que te pasa. Imagina que estás en tu automóvil esperando que el semáforo se pongo en verde. De pronto un vehículo choca el tuyo por detrás. Simplemente no frenó o mejor dicho, frenó contigo. Es evidente que tú no eres responsable de lo que sucedió, sin embargo tienes la opción de responder a esta situación de manera libre o esclava.

Si respondes como esclavo te concentrarás en el culpable, le reclamarás, gritarás, ofenderás y cosas por el estilo. Esto exasperará a la otra persona y si ella también pierde la cabeza es probable que terminen en golpes. Además de que te chocaron ahora también te peleaste y estás complicando la situación. Cuando la Policía llegue, además de resolver lo del accidente de los autos, tendrá que delegar responsabilidades por la pelea. Por el contrario, si decides actuar con actitud libre, te concentrarás en lo que hay que hacer para resolver la situación y para que la otra parte cumpla con lo que le corresponde, pero además pensarás qué hacer para que la situación se resuelva mejor o más rápido, evitando meterte en más problemas.

Cuando nos enojamos, lo normal es que empecemos a repartir culpas. ¡Detente! ¡No te metas al sendero de la esclavitud! Yo sé que dan ganas de decirle a todo mundo lo que está haciendo mal y cómo eso nos afecta, pero éste no es el momento. Ahora es el tiempo para darte cuenta de que estás a punto de decidir qué actitud tomarás, ¿libre o esclava? No te desesperes si de pronto ves que ya tomaste actitud esclava. Tal vez te des cuenta hasta que estás haciéndote víctima (etapa dos del camino a la esclavitud) o pensando que los demás deben cambiar (etapa cuatro). Ni modo, al menos ahora te das cuenta, tarde, pero lo notas. Detente tan pronto te reconozcas en actitud esclava y empieza a hacer lo que te ayude a resolver la situación.

2. Usa el lenguaje de actitud libre

Es posible descubrir si actúas con actitud libre o esclava por cómo hablas. Tus palabras dicen qué actitud tienes. Cuando te escuches usando términos que denoten una actitud esclava, detente, corrige y usa el lenguaje que te permitirá tomar una actitud de libertad. Las palabras más comunes del vocabulario que reflejan una actitud esclava son: "No se va a poder", "Tengo que…", "No tengo opción", "No me van a dejar", "Es imposible", "Así soy yo", "Por culpa de…" y frases por el estilo. Fíjate en cada una de esas oraciones, todas ellas implican que dependes de alguien más, que tú no tienes el poder o la capacidad para actuar o al menos para intentar hacerlo. Cuando te escuches usando esas palabras ¡detente! Estás entrando al camino de los esclavos. Para dejar ese sendero corrige sustituyendo estas palabras con sentido de actitud esclava por las que llevan a una actitud de acción y posibilidades.

Lenguaje que denota actitud esclava	Lenguaje que denota actitud libre
Cámbialo por	
Tengo que…	*Prefiero, elijo, escojo, voy a…*
No se puede (no puedo).	*Voy a intentarlo, voy tratar.*
Ni modo.	*¿Qué puedo hacer para que no vuelva a suceder?*
No me van a dejar o autorizar.	*Intentaré presentarlo mejor, intentaré convencerlos.*
Por culpa de…	*A pesar de…*
Me haces enojar.	*Necesito controlarme.*
Yo no fui, yo no tengo nada que ver…	*A pesar de…*
Si me hubieran…	*Necesito controlarme.*

Diag. 2. Palabras que denontan un lenguaje de actitud esclava y libre. Las palabras que usamos reflejan el tipo de actitud que tenemos, pero también nos sirven para modificarla. Cuando nos escuchamos usando palabras que muestran una actitud esclava debemos detenernos y hablar con términos que expongan una actitud de libertad. Esto automáticamente cambiará nuestro enfoque y por lo tanto, nuestra actitud.

Recuerdo hace muchos años cuando entendí esto de las actitudes. Me propuse salir de la actitud esclava o al menos pasar menos tiempo en ella, así que empecé mi propia campaña anti uso de palabras que reflejaran mi actitud de esclavo. En una ocasión regresaba de un largo viaje de trabajo. Tenía más de dos semanas consecutivas fuera de casa. Mi esposa y mis dos hijas fueron por mí al aeropuerto, en aquél entonces mis hijas eran pequeñas. A una de ellas le encantaba jugar luchas conmigo, ya sabes, el ring era la cama y peleábamos a tres caídas sin límite de tiempo.

Cuando íbamos en el auto hacia la casa mi hija me dijo:

—Papi, ahora que lleguemos a tu recámara, ¿luchamos?

Yo había cometido el error de programar un curso para un cliente ese mismo día, así que no tenía tiempo sino para asearme, cambiar de portafolios e irme a trabajar.

—Perdón hija, pero *tengo que* ir a trabajar.

¡Ay! ¡Me escuché! Dije "*Tengo que* ir a trabajar", ¡lenguaje de un esclavote! ¿Qué le estaba diciendo a mi hija al usar el "*tengo que*". Le insinuaba que mi trabajo era el culpable de no estar con ella. Era como decirle: "Yo no hice nada, es culpa del maldito trabajo". Al usar palabras esclavas me quité toda responsabilidad, cuando en verdad fui yo quien aceptó dar el curso ese día, pude haber dicho al cliente que lo hiciéramos otro día; ni siquiera había negociado con él acerca de otra fecha para hacer el entrenamiento. Además mi trabajo no es maldito, al contrario, es una gran bendición. Pero claro, es más fácil culpar al trabajo que tomar la responsabilidad de lo que yo había hecho.

Como estaba en mi campaña personal contra la actitud esclava y me di cuenta de mi grillete, corregí:

—¿Sabes qué? No *tengo que* ir a trabajar. *Quiero* ir a trabajar.

—Qué malo papi, ¿no quieres jugar conmigo?

Obviamente no me gustó nada su respuesta, por lo que recurrí a la estrategia que usamos los padres cuando no sabemos qué hacer, el chantaje:

—Bueno linda, debes saber que gracias a mi trabajo gano dinero y con él compro lo que tenemos, incluyendo tu regalo de cumpleaños, que por cierto ya está cercano. Por eso voy a trabajar.

Recordemos que no se trataba de un niño, sino de una niña. Me respondió de inmediato:

—No te preocupes papi, ve a trabajar y cuando regreses jugamos a las luchas.

A eso me refiero cuando te digo que cambies tu lenguaje que refleja una actitud de esclavo por uno que te ayude a tomar una actitud libre. En el momento que lo hacemos tomamos responsabilidad, dejamos de culpar a otros y empezamos a encontrar maneras de arreglar la situación. No sigas usando palabras que reflejen esclavitud, si lo haces será muy difícil romper la tendencia esclava. Al cambiar el lenguaje modificamos los pensamientos y con ellos, nuestra actitud. Revisa las palabras que están en el diagrama dos y sustituye las que denoten una actitud de dependencia por las que te impulsen a tomar la actitud de libertad que te sugiero allí.

3. Hazte la pregunta más liberadora

El tercer paso para romper las cadenas y tomar una actitud libre radica en hacerte una pregunta mágica y poderosa. Esta pregunta es la que te va a llevar al camino de la libertad. Por favor fíjate bien las preguntas que te haces porque de ellas depende la respuesta que tendrás. Si te haces la pregunta incorrecta vas a responder con actitud esclava. Te voy a mencionar las preguntas de connotación esclava, pero por favor es para que no te las hagas o para que si te las haces te descubras y te corrijas de inmediato. Los dos cuestionamientos más comunes que nos llevan a responder desde una perspectiva dependiente son: "¿Quién tuvo la culpa?" y "¿Por qué a mí?" Por favor deja de lado estos interrogantes, son veneno puro, grilletes con signos de interrogación. Incluso no les hagas estas preguntas a otras personas porque las llevarás a pensar desde un punto de vista de total esclavitud. En lugar de ello hazles la pregunta liberadora: "¿Qué puedes hacer?" Esta es la mejor pregunta a plantearnos y a exponer a los demás.

No pierdas tiempo, energía ni neuronas reflexionando en todo lo que te preocupa pero estás imposibilitado para resolver. "Pero ¿qué pasa si llueve?", "¿Y si me dice que no?", "¿Y si le pido el favor y no me ayuda?", "¿Y si hago mal el trabajo y me corren?", "¿Y si repruebo el examen?". Si observas bien identificarás que estas preguntas y preocupaciones están enfocadas en situaciones que no dependen de ti, que tú no tienes posibilidad de resolver. Concentrarte en ellas sólo te producirá temor y te empujará más en el camino a la mente con actitud de esclavo. En lugar de esto te sugiero que pienses en posibles soluciones que sí estén dentro de tus posibilidades: por si llueve llevaré un paraguas; la voy a tratar de conquistar para aumentar las posibilidades de que me diga que sí; si no me apoya entonces lo haré solo o pediré ayuda a alguien más; voy a hacer el trabajo lo mejor posible y estudiaré más o le pediré a algún compañero que me explique para entender mejor. ¿Lo ves? Todas estas actitudes son respuestas a la pregunta liberadora.

¿Te está yendo mal en la escuela?, ¿tienes problemas con tus papás?, ¿quieres aprender otro idioma y no has podido?, ¿no te pone atención la chica que te gusta?, ¿se molestó contigo tu mejor amigo?, ¿necesitas dinero?, ¿quieres alcanzar una meta?, ¿deseas tener un cuerpo más atlético?, ¿te estás enfermando constantemente?, ¿tus amigos no te están apoyando? Ante cualquier situación que enfrentes la única pregunta que debes hacerte es: "¿Qué puedo hacer?". Bueno te voy a dar chance de hacerte otra pregunta: "¿Qué otra cosa puedo hacer?"; bueno, una más: "¿Qué más puedo hacer?". Sólo pregúntate esto, pero hazlo varias veces, no te conformes con una sola respuesta; siempre hay muchas soluciones por aplicar. No seas flojo, pon a trabajar tus neuronas para que encuentres opciones. Te garantizo que si te haces la pregunta liberadora vas a avanzar y resolver retos que antes no habías logrado.

Si no encuentras buenas respuestas a tus preguntas invita a alguien a pensar contigo, tus papás, un mentor, tu maestro, tus amigos, hermanos, etc. Pero asegúrate que ellos también se concentren en las alternativas de lo que es posible hacer. Si de pronto empiezan a hacerte preguntas con sentido de actitud esclavizante diles que los invitaste para que te ayuden a encontrar soluciones, no culpables. ¿Qué tal si hoy mismo te haces la pregunta liberadora sobre algo que te esté afectando?

4. Actúa con base en tus respuestas

De nada va a servir que encuentres respuestas correctas si no las aplicas. La actitud libre inicia con nuestra forma de pensar, pero debe convertirse en acción. Que no te dé temor hacer lo que encontraste como solución. Simplemente hazlo. Una idea que ayuda es que cuando sepas qué es lo que debes hacer, se lo compartas a alguien más.

Esto hará que no te hagas tonto postergando tu acción. Por ejemplo, si decidiste que vas a hacer ejercicio cada mañana; ir a hablar con alguien para disculparte o meter aplicaciones de trabajo en varias empresas, dile a alguien de confianza lo que vas a hacer y cuándo. Por supuesto que esto te compromete, pero exactamente esa es la idea. Cuando hacemos un compromiso con alguien más aumentamos las probabilidades de hacer las cosas. También dile que le das permiso que te pregunte si lo estás haciendo. Créeme, este es un muy buen truco para ayudarnos a tener resultados. Rendir cuentas a alguien es una excelente herramienta para hacernos más efectivos. A muchos no nos gusta rendir cuentas, pero generalmente se debe a que no queremos que nos presionen o reclamen si no cumplimos, sin embargo es muy conveniente hacerlo. Confía en esto, hazlo y verás que empezarás a tener resultados en áreas en las que antes no lograbas avanzar.

El frasco de mermelada

Termino este capítulo con una historia que me gusta mucho. Regresaba a casa después de un día de trabajo. Al abrir la puerta escuché el ruido de algo que se quebró. Fui a la cocina y encontré en el piso un frasco de mermelada de fresa, ex nuevo, totalmente estrellado. Al fondo de la cocina se encontraba una de mis hijas, en aquél entonces de unos ocho años de edad.

—¿Qué pasó hija?

¿Cuál crees que fue su respuesta?

—Se cayó papi.

—¿En serio?, ¿el frasco se cayó solito?

Solamente me miró con ojos de "Sí papito".

—Fíjate chiquita que es el primer frasco de mermelada suicida que he comprado en toda mi vida.

No le gustó mucho mi comentario, aunque parecía que le daba un poco de risa, era más su enojo.

—¿Será que el frasquito estaba en depresión porque ya ni la mantequilla ni el pan se le embarran?, ¿estaba tan triste y cerca de la orilla que pensó: ahora es cuando, me aviento para terminar con tanto dolor?

La mezcla de risa y enojo seguía en su rostro.

—De casualidad cuando este frasco kamikaze decidió quitarse la vida, ¿no estabas tú cerquita?, ¿no serían testigos de este suicidio tu mano, tu codo o alguna otra parte de tu cuerpo?

Ante tanta presión y sarcasmo de mi parte la pequeña no pudo más y gritó:

—¡Bueno pues, fui yo. A mí se me cayó!

Vaya, ese aparente suicidio ahora se estaba convirtiendo en homicidio. Tal vez pienses que soy un exagerado al hacer tanto embrollo por un simple frasco de mermelada, pero lo que me preocupaba era que mi hija, a tan temprana edad, ya había aprendido a tomar una actitud esclava. Lo peor de todo era que yo mismo la había educado. Mi intención era ayudarle a tomar una actitud libre.

Algo divertidísimo fue que después de aceptar que a ella se le había caído el frasco agregó con total frustración: ¿Por qué no hacen los frascos de plástico como el de la mostaza! Su idea no es mala, pero ahora la culpa era del fabricante. ¡Es tan fácil caer en una actitud esclava!

Para que aprendiera le hice varias preguntas que le llevaran a tomar responsabilidad y a encontrar soluciones. Al frasco ya no lo resucitaríamos, pero a su actitud sí.

—¿Qué harías diferente la próxima vez para que no te vuelva a pasar esto?

—Pues no me pondría crema en las manos antes de tomar el frasco.

—Ah, ¿tenías crema en tus manos?

—Bueno y tampoco correría tan rápido.

—Vaya, tenías crema y venías corriendo. Tal vez la próxima vez sea mejor que cuando vayas a tomar un frasco no tengas crema en las manos y también que no corras. ¿Ves? Ahora ya sabes qué hacer para que no te vuelva a pasar.

Si observas, lo único que hice fue hacerle la pregunta liberadora de diferentes formas. Como lo que estábamos tratando era algo que ya había sucedido le hice la pregunta de manera que al menos aprendiera qué hacer la próxima vez; que aprendiera de este error para que no lo repita. Cualquier error, problema, reto o meta, son una gran oportunidad para desarrollar tu actitud libre, ¡aprovéchalos!

El capítulo en pocas palabras:

1. Las personas no controlamos lo que nos sucede en la vida. Sin embargo lo que siempre tenemos el poder para controlar es cómo vamos a responder a lo que nos pasa. No somos libres para elegir qué nos sucede, pero sí para escoger cómo vamos a actuar ante ello.

2. Cuando ejercemos este don estamos actuando con actitud libre y cuando renunciamos a esta libertad y respondemos de inmediato, sin pensar, reaccionando ante lo que nos hicieron o nos pasó, entonces estamos actuando desde una actitud esclava, dependiente.

3. En la medida en que practiquemos nuestras respuestas de actitud libre mejoraremos nuestros resultados, resolveremos mejor nuestros problemas y tendremos más posibilidades de alcanzar nuestras metas.

4. Para hacerlo necesitamos darnos cuenta cuando estamos empezando a tener una actitud esclava. Necesitamos detenernos, modificar nuestras palabras, preguntarnos qué vamos a hacer y actuar con base en ello.

5. Tener actitud libre no significa que seremos perfectos, que no nos equivocaremos o que todo nos saldrá bien. No, no es así. Responder con actitud libre significa que vamos a tratar de lograr lo que queremos aunque las cosas no estén funcionando.

6. En lugar de responsabilizar a otros por lo que nos está saliendo mal, vamos a encontrar cómo re-

solver la situación para que al menos no nos perjudique tanto. Por supuesto que la actitud libre
también nos va a ayudar para alcanzar los sueños
y propósitos que tenemos.

113

7. No importa si ya rompiste algunos frascos de
mermelada, lo importante es que ya no quiebres
más y que aproveches este maravilloso don de
la actitud libre para aprender, corregir errores y
lograr metas. ¿Qué vas a hacer con esta nueva
información que tienes? Te invito a actuar como
persona libre.

Mantén tu taza vacía

Un barista logró producir el café más sabroso que ha existido. Sus granos eran tan especiales y exclusivos que sólo alcanzaron para llenar una pequeña jarra. Era tan exquisito que decidió no ponerle precio y regalárselo a quien lo supiera disfrutar. Recorrió varias cafeterías donde había degustadores refinados y les ofreció de su producto. Tristemente ellos tenían sus tazas llenas con buen café, así que no le recibieron. En el parque encontró a un par de viejos jugando ajedrez y tomando café. Se acercó a ellos. El par de ancianos olieron el delicioso aroma que escapaba de la jarra. Sin pensarlo vaciaron el contenido que había en sus tazones y le pidieron al hombre que les compartiera de su bebida. El experto, feliz, llenó sus tazas.

Una taza llena no recibirá más   119

Cuando estamos en una cafetería en la que te rellenan la taza de café con frecuencia, la mesera se acerca a tu mesa, revisa qué tanta bebida te queda y si ve que la taza está medio vacía, te la vuelve a llenar. Si tu taza tiene suficiente café, ella no le pone más. Imagínate que una mesera mezcló de manera inadecuada sus medicamentos y su cerebro empieza a alucinar. Este estado psicodélico la hace ver situaciones extrañas, entre ellas que las tazas de sus clientes están siempre llenas. Cada vez que se acerca a revisar las bebidas ve los tazones rebosando de café, así que jamás los llena. Incluso cuando los clientes le piden que les sirva, ella se niega a hacerlo. Una taza llena ya no recibirá más.

Lo mismo pasa con nosotros. Cuando creemos que estamos bien en todo, que ya sabemos lo importante de la vida, de la escuela y de nuestro trabajo, es como si tuviéramos nuestra taza cerebral saturada; por lo mismo ya no estaremos abiertos a aprender ni a escuchar a los demás. Nuestra mesera alucinógena interior considera que ya no hay más donde colocar conocimiento. Somos algo cercano a la perfección, claro que imperfectos, pero en el fondo creyendo que nos falta poquito para serlo. Tal vez piensas que tú no vives con esa actitud, sin embargo te invito a cuestionarte pues la mesera intoxicada no pensaba que estaba drogada, ella creía que las tazas de los clientes estaban llenas. La mayoría de nosotros, cuando vivimos con actitud de taza llena no nos damos cuenta de ello, ni siquiera consideramos tener esa actitud. Para serte honesto de vez en cuando me descubro con mi taza rebosante. El problema verdadero es: ¿cuántas veces traigo la taza repleta y no me doy cuenta?

Un buen amigo tiene entre sus políticas de trabajo que los colaboradores de su empresa deben tener siempre "la taza vacía". Desde su punto de vista, y estoy de acuerdo con él, muchos tenemos una tendencia a mantener lleno nuestro depósito, y esto nos estorba para crecer, aprender y hasta ganar el cariño y atención de los demás.

En una ocasión, hace ya algunos años, mi esposa y yo compramos un aparato de sonido. De aquellos en los que reproducían CDs y cintas magnéticas. Apenas desempacando el equipo quise copiar un casete en otro. Para mi sorpresa el aparato no lo hacía.

—Gaby, este estéreo no sirve. Vamos a tener que regresarlo a la tienda.

—¿Por qué Rafa?

—Pues no copia los casetes. Ya le puse todo para que lo haga, pero no lo hace.

—¿Y leíste las instrucciones?

—No, pero ya sé cómo funciona.

—De todas maneras léelas.

—¿Para qué? No es el primer aparato de estos que uso y además el procedimiento es muy sencillo: en la cinta "A" pones "play" y en la cinta "B", "record" y listo, así funcionan todos los sistemas duplicadores. Mañana lo regresamos. Estos fabricantes son el colmo, que pésimo control de calidad.

—Revisa el manual.

—¡Qué bárbara, a poco en verdad crees que no sé operar estos equipos!

—¿Qué pierdes con hacerlo? Revisa lo que dice y si no sirve lo regresamos mañana.

Leí las instrucciones y descubrí que este equipo tenía un nuevo sistema de duplicado. Ahora era suficiente oprimir el botón llamado "dubbing". Al hacerlo el sistema se encargaba de todo lo demás. Mi orgullo y creencia absurda de pensar que ya sé todo estuvo a punto de hacerme pasar una vergüenza en la tienda, perder tiempo y tal vez hasta quedarme por un tiempo sin mi nuevo equipo. Una taza completa ya no será llenada.

¿Cómo es alguien con la taza llena?

Como vimos en mi experiencia del estéreo, el orgullo es el provocador de las actitudes de taza llena. Sin embargo el orgullo es difícil de identificar por quien lo tiene. Pienso que es como el mal aliento, quien lo tiene no lo nota pero los que están a su alrededor lo identifican fácilmente. También piensa en el pedazo de comida que se queda entre los dientes de alguien. Mientras esa persona platica con los demás, todos observan el trozo de espinaca que tiene entre sus dientes. Ella no se da cuenta, ni siquiera se preocupa por pensar si hay algo desagradable en su boca y si la gente con la que charla no le dice algo, no se enterará hasta que se encuentre frente a un espejo; sin embargo los demás lo supieron todo el tiempo. El orgullo es igual.

Esta debilidad de la taza llena se manifiesta de muchas maneras. Trataré de abordar al menos algunas comunes. Debemos saber que lo que esta actitud produce nos perjudica y en ocasiones de manera grave, y lo peor es que nunca sabemos por qué ya que no queremos ver el espejo que nos enseña la espinaca en el diente.

Mauricio pierde sus amistades

Mauricio no entiende por qué poco a poco sus amigos se han ido alejando de él. Aún tiene amistades, pero las percibe distantes, como que cada vez conversan menos con él; hasta ha sentido que lo evitan un poco. Uno de sus mejores amigos, Noé, le dijo un día que a los demás les molestaba su actitud de sabelotodo, que cada vez que alguien comentaba sobre cualquier tema él tenía una respuesta, él sabía de todas, todas. Incluso les hacía sentir a los otros que lo que ellos opinaban estaba mal, sólo sus respuestas eran correctas. Aunque esto le "movió el tapete" a Mauricio por unos segundos, concluyó que su amigo está equivocado. La verdad es que, aunque estima a Noé y le considera su amigo, debe admitir que es un perdedor; no es una persona firme, es un poco inseguro. Lo entiende porque Noé no ha tenido tantas oportunidades de viajar y tampoco ha leído tanto como él. Con seguridad sus comentarios incomodan a Noé por su ignorancia y ahora piensa que así se sienten todos. Mauricio llegó a la conclusión de que el verdadero problema era la baja estima de Noé, no su actitud arrogante. La droga del orgullo no le permite darse cuenta que tiene una actitud de taza llena.

Marisa y su actitud de "sí, ya sé"

Marisa entró a su primer trabajo formal, la contrataron como asistente del organizador de un congreso en la Cámara de Comercio de su ciudad. Siguiendo el consejo de su tía trata de aparentar que ya sabe todo lo que su nuevo jefe le pide. "Sí, ya lo sé" y "Claro, sé hacerlo" son las frases que más salen de su boca cuando le piden algo. La verdad es que hay varias solicitudes que no tiene idea de cómo hacerlas. Por ejemplo, su jefe le pidió que consiguiera cotizaciones de empresas que den el servicio de montar los espacios que rentarán a los expositores durante el evento. Cuando oyó "expositores" creyó que se trataba de los conferencistas que asistirían al congreso. Le sorprendió que les fueran a rentar el lugar para dar sus charlas, pero pensó que así se manejaban ese tipo de circunstancias. Se preocupó porque ya había enviado las invitaciones a los conferencistas y no les había dicho que debían pagar por un espacio en el congreso.

Para compensar esta falta de información les envió correos aclarando a cada conferenciante que tendría que cubrir una cuota para participar. Les avisó que en cuanto tuviera la cantidad exacta se las haría saber. No pasaron muchos minutos cuando empezaron a llegarle respuestas. Los conferencistas estaban indignados, en ninguna de las exposiciones y congresos que habían participado les habían pedido una aportación, al contrario, ellos eran los que cobraban por asistir. De hecho, en menos de un par de horas dos de los ponentes ya le habían cancelado su asistencia.

Ante tal reacción Marisa pidió hablar con su director. Después de varias preguntas él se dio cuenta que Marisa no había entendido su orden y le aclaró todo. Cuando el jefe mencionó a los expositores se refería a las empresas que se promoverían en el evento y expondrían sus servicios y productos a los asistentes. Ellos eran los expositores de su feria de proveedores; de ninguna manera pensaba cobrar a los conferencistas, al contrario, debían pagarles o compensarles de alguna forma por su participación. Marisa aprendió ese día que es mejor decir no sé, preguntar, pedir ayuda y aprender, que mentir o autoengañarse pensando que ya sabe. Derramó el café por tener su taza súper llena. Entendió que su jefe comprendía que ella no supiera todo, lo que esperaba es que estuviera dispuesta a aprender y realizar los trabajos de manera comprometida y lo mejor posible. En su trabajo requerían una persona responsable y comprometida que quisiera aprender.

Al igual que a Marisa, a muchos nos da pena admitir que no sabemos algo y preferimos mentir y averiguar cómo lo vamos a resolver. En el fondo el verdadero problema es que nuestro orgullo nos recomienda tomar la actitud de sabelotodos aunque corramos un alto riesgo de quedar mal o en ridículo. ¿Dónde está el problema de decir: "No sé, pero puedo aprender"? La respuesta es: en nuestro ego, en el orgullo.

¿Son exagerados mis papás?

Georgina y Alberto son hermanos. Ella está en su último año de bachillerato y él en el primero de universidad. A pesar de que suelen pelear con cierta frecuencia son buenos amigos. Ricardo, amigo de Alberto, ha estado saliendo con Georgina. Sus papás no están contentos con ello. Ven a Ricardo como mala influencia para sus hijos. Cuando Alberto pasa tiempo con él suele regresar tarde a casa y pasado de copas. Desde que Georgina está más cercana a Ricardo también su actitud ha empeorado.

—Papá, mamá, ya nos vamos, ya llegaron por nosotros, venimos en la noche.

—¿Cómo que vienen en la noche? Ya es la noche.

—Bueno, tú entiendes, regresamos más tarde.

—¿A dónde van?

—De fiesta, por allí, vamos los amigos de toda la vida.

—¿Y quiénes son esos amigos de toda la vida?

—Ay papá, ya sabes, los amigos. Pero ya se nos hace tarde, ya nos vamos, nos están esperando.

—¡Momento! Si se esperan unos segundos más no les van a cerrar el lugar al que van. ¿Van con Ricardo, verdad?

—Pues él también va, vamos los mismos de siempre.

—Ya saben que no me gusta que se regresen con él, prefiero ir por ustedes a que se suban en un auto donde el que maneja está tomado. Mejor llamen y les recojo.

—¡Estás loco! No vamos a llamarte para que vayas por nosotros, no estamos en primaria. Nos vamos a regresar con Mayte, ella llevará coche.

—De acuerdo, pero cuídense y no se suban con alguien que esté tomado.

Imagino que ya supones el resto de la historia. Los dos hermanos veían a sus padres como anticuados, ridículos y exagerados. Ni que ellos no supieran lo que hacían, no son tontos. Además sus papás ni se van a enterar qué hicieron, dónde estuvieron y quién les llevará a casa, ¿por qué se preocupan tanto? ¿Cuántas veces han ido a todos lados con un conductor borracho sin que suceda algo malo? Según ellos sus padres son exagerados porque se la pasan escuchando las noticias amarillistas de los diarios.

Una de esas noches Georgina y Alberto formaron parte de un accidente automovilístico. Javier, otro de sus amigos era el conductor y… adivina… Estaba ebrio. En el percance una de sus amigas, Anabel, perdió la vida. Alberto y Ricardo estaban hospitalizados con heridas serias y sólo Javier y Georgina tenían daños y fracturas menores. La taza llena se había derramado.

El Rey Salomón en su libro de Proverbios menciona que quien oye el consejo es sabio y el que se junta con los necios recibirá quebranto. Cuando tenemos nuestra taza rebosante nos convertimos en necios; creemos tener todo bajo control y que lo que los demás nos recomiendan son tonterías y ridiculeces. Con torpeza pensamos que las tragedias sólo suceden a los demás y en las películas. Con pena vemos que la vida se encarga de vaciarnos la taza de un solo golpe y en ocasiones sin darnos otra oportunidad.

Aprende a vaciar tu taza

Si el orgullo es el principal causante de que nuestra taza esté llena, entonces el antídoto se llama humildad. Ser humilde no significa ser pobre, estar callado la mayor parte del tiempo, ceder siempre ante los demás, vestir con andrajos ni tener cara de santo de estampita religiosa. No, ser humilde es conocer y aceptar nuestras limitaciones y debilidades y reconocer que nuestro conocimiento, experiencia y logros se deben a nuestro esfuerzo y a lo que otros han sembrando en nosotros. La humildad es la Kriptonita de quienes se creen súper hombres o súper mujeres, los sabelotodos.

El verdadero reto radica en saber cómo desarrollar humildad. Recuerda que el orgullo nos es invisible, es nuestra espinaca en el diente. Si nos cuesta trabajo reconocer cuándo estamos con la actitud de taza llena, ¿qué debemos hacer para evitarnos todos los problemas y consecuencias negativas en las que nos metemos?, ¿cómo desarrollar humildad? Para responder estas preguntas pienso darte algunas ideas. Seguir estos consejos es como conseguir una taza más grande, tamaño jumbo, con espacio suficiente para recibir más bebida, más conocimiento.

Antes de darte esas ideas me interesa que comprendas que nos conviene tener una actitud de taza vacía. Cuando nuestra taza está llena cerramos la posibilidad de aprender más, de crecer, de alcanzar mejores oportunidades y tal vez lo que es peor de todo, tendemos a quedarnos solos como le estaba sucediendo a Mauricio. A nadie le gusta estar con gente orgullosa, difícil de complacer e imposible de igualar. Tener la taza vacía no sólo es un asunto de moral o de ser buenos; también es una realidad para que nos vaya mejor en la vida. A mí me conviene, a ti también. Me hubiera gustado aprender esto cuando tenía menos de veintiocho años, debo admitir que no fue así. Tuve que sufrir varios derrames de taza para entenderlo. Empecemos pues con las tan anunciadas ideas:

1. No pretendas ser distinto, sino auténtico

Una de las razones por las que solemos desarrollar orgullo es que tratamos de ser diferentes a los demás. Queremos ser especiales, que nos distingan y que no nos comparen con otros. Para lograrlo tomamos actitudes y poses que nos hagan ver distintos. En ocasiones la manera de lograrlo es actuando de forma contraria a como lo hace la mayoría. Buscamos manifestar esas diferencias a través del corte de cabello, la forma de hablar, la vestimenta, etc. En lugar de intentar ser nosotros, nos enfocamos en ser como no son los demás. Tratar de ser diferentes para sobresalir es dejar de ser nosotros, pues para ser únicos no debemos hacer nada, sino vivir, ser nosotros. No es necesario esforzarnos por ser distintos para ser valiosos. Valemos por existir, no por lo que hacemos o dejamos de hacer.

El otro extremo es tratar de agradar a todo mundo; buscar que nos acepten intentando hacer lo que creemos que esperan de nosotros. Recordemos que aunque no está mal tratar de ser aceptados, tampoco es sano buscar tener la aceptación de todo mundo. De hecho es imposible y quien trata de hacerlo, además de no lograrlo, terminará perdiéndose a sí mismo pues decidirá conforme a lo que los demás quieren y esperan de él. Sus pensamientos girarán en torno de los deseos de otros, no de los propios, y esto tampoco está bien. Lo importante es ser auténticos, no distintos. A lo que me refiero es a que al tratar de ser diferentes tendemos a caer en el orgullo de dar la contra a los demás por el simple hecho de no querer ceder, de evitar vernos como la mayoría.

No importa como vistamos, hablemos o
nos comportemos, jamás encontraremos
a otra persona igual a nosotros.

Cuando tenía veintidós años tuve la oportunidad de hacer un trabajo para la empresa más grande de renta de películas en video en México. Me contrataron para capacitar a sus ejecutivos en apreciación cinematográfica. Las oficinas de esta empresa eran de lujo, estaban ubicadas en la zona empresarial de ese tiempo y sus instalaciones eran modernistas con paredes de cristal y alfombra blanca. Lo interesante es que en esa época mi vestimenta y apariencia física no eran las de la mayoría y estaban muy lejos de ser las de un ejecutivo. En aquél entonces todavía no había surgido la moda de las chamarras y pantalones vaqueros rotos y descoloridos; sin embargo así vestía yo; mi cabello era un poco largo, dejaba crecer mi barba a sus anchas y mis zapatos eran unos tenis viejos y desgastados. Cualquiera que me viera identificaba a un joven rebelde y desaliñado. Cada vez que llegaba a las oficinas de esta empresa sentía el mensaje que enviaba a sus empleados: "No soy como ustedes, soy diferente". Por supuesto que eso inflaba mi ego, mi orgullo no me dejaba ver que la taza estaba bastante llena y que ya le cabría muy poco más. Aunque obtuve el contrato para capacitarles, el proyecto duró muy poco. ¿Hasta dónde influyó mi apariencia en esto? La verdad es que no lo sé, pero lo que sí comprendo es que nunca presté atención al cliente, mi enfoque estaba en mí, no en ellos.

En aquel tiempo esa forma de vestirme y comportarme era una manera de decirle al mundo: "No soy como todos, soy distinto". En lugar de tratar de ser auténtico me concentraba en ser fuera de lo común. Cuando alguien me cuestionaba sobre mi apariencia de inmediato le daba como argumento que el exterior no era lo importante de la gente, sino su interior. Me parecía injusto y absurdo que a las personas se les juzgara por su fachada. Según yo, mis argumentos eran sólidos y humanos; sin embargo un día yo sólo me encontré atrapado en mis argumentaciones. Si la ropa no era lo importante, ¿no le estaba dando yo demasiada importancia? Si lo valioso es lo que uno es por dentro, ¿entonces por qué me negaba a usar un saco y una corbata si de todas formas seguía siendo el mismo en mi interior? ¿No estaba yo juzgando a los demás por la ropa formal que usaban? Si la apariencia no era relevante, ¿entonces cuál era el problema de vestir como ellos, cortarme el cabello y rasurarme o arreglar mi barba? La respuesta me llegó como derechazo de Manny Pacquiao: por vanidoso. No era una persona original y diferente, en realidad era un orgulloso.

Lo más increíble es que, aunque no queramos, somos seres únicos. No existe otro ser humano como nosotros.

Somos distintos a todos los demás. No importa cómo vistamos, hablemos o nos comportemos, jamás encontraremos a alguien que sea igual a ti o a mí. No es necesario desarrollar poses y excentricidades para surgir como seres inimitables. La clave es que en lugar de esforzarnos por ser diferentes nos enfoquemos en ser auténticos. La autenticidad es lo que nos permite tener solidez interior y que los demás conozcan lo que somos por dentro. Ser auténticos significa que seremos fieles a nuestras creencias y prioridades. Ser auténticos nos lleva a hablar la verdad, a mantenernos firmes en nuestros valores cuando las tentaciones llegan. Cuando actuamos así los demás confían en nosotros porque saben cómo responderemos ante lo que suceda. Nuestra firmeza les da seguridad y confianza, nos convertimos en personas seguras en lo interno, que a fin de cuentas es lo más importante. Recuerda, una clave para desarrollar nuestra humildad y matar el orgullo es enfocarnos en ser auténticos, no distintos.

2. Acepta que siempre habrá alguien en autoridad sobre ti

Nuestro orgullo es como un caballo salvaje que se niega a ser domado. Sé que la comparación parece triste, pues ¿no nacieron los caballos salvajes para vivir en libertad? Por supuesto que sí, sin embargo, a diferencia de los caballos, somos seres sociales. Nacemos, crecemos, convivimos y morimos en sociedad. No somos equinos salvajes, pero nuestro orgullo sí. No requerimos de un domador, la vida misma nos va "domesticando". El puro hecho de nacer en una familia y formar parte de una comunidad nos marca las reglas de convivencia para tener éxito dentro de esa sociedad. El problema y reto que tenemos es que nuestro orgullo se rebela igual que el caballo salvaje forcejea para no ser sometido. Es como si en nuestra naturaleza hubiera un dispositivo programado para resistir cualquier tipo de autoridad. Tendemos a rechazar, obedecer a otros y rendirles cuentas. Nuestro orgullo es un eterno joven que se niega a seguir las reglas, o si las acepta lo hace de mala gana.

Nos guste o no siempre tendremos por encima alguna autoridad. Si soy sincero, esta no es una frase que me guste, hasta me da un poco de comezón nada más de leerla, ahora imagínate al escribirla y publicarla (ha de ser mi caballo salvaje que no está domesticado por completo); pero esa es la realidad. Incluso quienes presumen no tener jefe, o los jóvenes que salen de su casa para ser independientes, también están bajo alguna autoridad. El ciudadano tiene a la Policía como autoridad; los estudiantes a los maestros; los profesores a sus directores; los empresarios al gobierno; el gobierno a los ciudadanos; los empleados a sus jefes; los jefes a los dueños y los dueños a los accionistas y otra vez al gobierno. No importa qué edad tengamos, de qué color de piel seamos, qué tan sabios nos creamos o cuánto dinero poseamos, siempre tendremos una autoridad a regir sobre nosotros y a la cual rendirle cuentas.

Bajo autoridad o bajo rebeldía

Para vivir sin quien rija sobre nosotros necesitaríamos escapar al bosque o las montañas y convertirnos en ermitaños; sin embargo aún allí la naturaleza y sus principios gobiernan nuestra existencia. Desde el momento que requerimos de los demás y vivimos en sociedad necesitamos que haya estabilidad. Para que ese orden funcione tendrán que haber autoridades. Por supuesto que a muchos nos desagrada esta realidad, sin embargo así es. Es un factor de la vida que debemos aceptar y entre más pronto lo hagamos, más fácil nos será relacionarnos con efectividad. El dispositivo interior que se rebela ante la jerarquía de alguien más es el orgullo, ese deseo de hacer todo como queramos y cuando lo digamos. La humildad nos lleva a entender que estar bajo autoridad no es denigrante, mas bien es una realidad que nos permite operar dentro de un sistema funcional.

Cuando no aceptamos esta realidad tendemos a actuar con rebeldía ante autoridades de todo tipo: nuestros padres, los jefes en el trabajo, los maestros de la escuela, el gobierno y hasta el capitán del equipo de futbol del que formamos parte. "¿Quién se cree para darme órdenes?", "¿Por qué le voy a rendir cuentas a esa persona?", "Pues serán mis padres pero no tienen idea de lo que es mi vida y no tengo por qué obedecerles"; "Ese profesor está loco, las tareas y deberes que nos deja no tienen sentido, no los haré"; "No me importa que nos haya dicho que lo hagamos de esa manera, lo haré como yo quiera".

Reconocer que vivimos en sociedad y que es importante funcionar bajo autoridad no es algo que deba hacernos sentir mal. De hecho en algún momento seremos la autoridad de alguien más. Es inevitable, es la forma en que una sociedad se agrupa para avanzar y lograr que sus miembros tengan resultados y suplan sus necesidades. A lo que sí debemos oponernos es al autoritarismo, no a la autoridad. Autoritarismo es el abuso que alguien comete haciendo uso extralimitado de su autoridad; es cuando una persona confunde el derecho que tiene de pedir cuentas y tomar decisiones con creer que es incuestionable y perfecta. El autoritario no respeta el derecho de los demás de estar en desacuerdo y platicar civilizadamente esas diferencias. El autoritario cree que cuando alguien le cuestiona está siendo rebelde. Una autoridad sana reconoce la existencia de diferencias y acepta el diálogo. Claro que esto no garantiza que la persona con mayor poder estará de acuerdo con quiénes disientan de ella, pero no les desechará porque no piensan como quisiera. Desacuerdo no significa rebeldía sino exponer diferentes perspectivas o intereses. El autoritario es quien ejerce la autoridad sin consideración por el otro y el rebelde es el que se opone a la autoridad, no al autoritarismo.

Sin embargo cuando nos opongamos al autoritarismo nos conviene hacerlo de manera respetuosa pues no olvidemos que la rebelión a la autoridad produce consecuencias, por lo general un castigo. Incluso cuando decidamos negarnos a aceptar el abuso de autoridad debemos ser respetuosos en nuestras formas, pues de no hacerlo, además de correr el riesgo de una reprimenda o castigo, estamos actuando igual que a quien criticamos. Comprenderemos mejor este punto cuando entendamos el principio de la honra incondicional.

Utiliza la honra incondicional

Si queremos prosperar en la vida debemos aprender a relacionarnos con las personas en autoridad. Lo que nos corresponde ante ellas es respetarlas y obedecerlas. Por supuesto que poseemos derecho para exteriorizar nuestros desacuerdos, pero siempre de forma respetuosa porque la autoridad tiene el poder y el derecho de sancionarnos si rompemos esa línea de respeto. Si te interesa una jovencita como novia, te conviene respetar la autoridad de sus padres. Si ellos identifican que les respetas y les das el lugar que les corresponde, todo será más cordial y sencillo y es probable que confíen más en ti. Si somos colaboradores en una empresa, nos conviene aceptar la autoridad que nuestro jefe tiene sobre nosotros. Si no lo hacemos, no será mucho el tiempo que permanezcamos allí, y si lo logramos será muy difícil que nos promuevan.

Honrar a nuestros padres es un factor muy importante en este tema. Yo sé que algunos papás no se han ganado el respeto de sus hijos. La manera de tratarles o incluso el haberles abandonado son razones suficientes para no querer respetarlos. Sin embargo conviene hacerlo. Ante las autoridades, incluidos nuestros padres, debemos aplicar lo que denomino la honra incondicional, la cual consiste en darle a cada quien el lugar que le corresponde aunque no se lo merezca. Si nos basamos en esta idea será muy extraño que nos metamos en problemas con la autoridad, cualquiera que ésta sea.

La honra incondicional nos dice que cumplamos con respeto todo aquello a lo que la persona que está en autoridad sobre nosotros tiene derecho. No sugiero que toleremos el abuso o la extorsión que alguien en autoridad cometa, pero sí que le respetemos en lo que tiene derecho por la posición que ocupa. Cuando un individuo cumple con su autoridad no hay razón para que lo persigan o sancionen, por el contrario suele ganarse su favor. Es importante entender este principio, pues he conocido gente, incluido yo mismo, que olvidando el poder de la honra incondicional, se rebela, pagando las consecuencias.

El mal padre de Saúl

El papá de Saúl no ha sido ejemplar. A sus diecisiete años Saúl sabe que su padre no es un hombre recto, que parte de sus ganancias las ha generado con negocios turbios. Ha aprovechado la posición que tiene en el gobierno de su ciudad para sacar ventaja violando algunas leyes. Tampoco es un esposo modelo. Uno de sus amigos le comentó que le vio salir de un hotel de paso con una mujer. Saúl no está sorprendido por ello, de hecho cree que incluso su mamá sabe que suceden este tipo de eventos. Saúl no siente respeto por ninguno de sus padres. De su papá le molesta lo corrupto e infiel que es, y de su mamá, que le aguante sus corruptelas. La encuentra culpable de no atreverse a enfrentarlo con tal de tener asegurado su sustento.

135

Saúl empezó a romper reglas de la familia: llegar más tarde, no pedir permiso para salir; irse de la escuela a otros lugares sin llegar a casa o sin avisar a donde iría; levantarle la voz a sus padres y actitudes así. Incluso ya en una ocasión, en medio de una discusión le gritó a su padre que él no tenía derecho a exigirle porque era un corrupto y un adúltero. Ese día su padre le dijo que si continuaba así le echaría del hogar, le retiraría el derecho de usar el auto y dejaría de pagarle la universidad.

Ante unos padres así uno comprende la posición de Saúl, sin embargo, si quiere que le vaya bien en la vida, le conviene brindar a ambos honra incondicional. Me imagino que en este momento tal vez estás molesto con mi posición y piensas que Saúl tiene razón. ¡Espera! Déjame explicarte. Coincido con Saúl que sus padres, en especial el papá, no se han *ganado* su respeto; sin embargo siguen siendo sus padres, poseen autoridad sobre él y tienen el poder para tomar decisiones e incluso para sancionarle. Por supuesto que es válido aceptar que no son un modelo a imitar, pero Saúl debería honrarles a pesar de no admirarlos. Recordemos que la honra incondicional es dar a alguien el lugar que le corresponde aunque no lo merezca. Lo que él debe hacer es cumplir lo que le corresponde a pesar de que sus padres no sean admirables. Si va a salir, debe pedir permiso como siempre. Esto no lo convierte en un esclavo ni le denigra puesto que continúa viviendo dentro de una familia que aunque no sea modelo requiere de leyes para funcionar y él es parte de ello. Saúl no tiene que sentir admiración por su padre para pedirle permiso y respetarlo. Si él sigue las reglas, a él le irá bien.

Dar honra incondicional tampoco quiere decir que Saúl no debe hablar con sus padres sobre lo que está sucediendo e incluso decirles cómo se siente y cuál es su opinión sobre sus vidas; por supuesto que tiene derecho a hacerlo. Sin embargo debe tratarlos con respeto, sin agresiones ni rebeldías. Recordemos lo que mencioné: "Toda rebelión a la autoridad produce castigo". No importa si esa rebelión es justa o injusta, la autoridad con seguridad ejercerá su poder.

La autoridad legítima

Cuando una persona que tiene autoridad auténtica nos da una instrucción, lo que debemos hacer es ejecutarla, obedecer. Los mandatos, aunque sean por nuestro bien y en nuestro beneficio, no son consejos, son órdenes. Algo importante es entender quién es una autoridad legítima sobre nosotros. Es obvio que las autoridades civiles y de gobierno lo son, también el jefe en el trabajo y nuestros padres siempre y cuando nos mantengan o vivamos en su casa.

Un caso importante a considerar a este respecto son las personas que nos prestan dinero o que nos dan alguna contribución económica. Esto es algo que mucha gente olvida cuando pide prestado. En el momento en que alguien nos hace un préstamo, en ese mismo instante le estamos dando autoridad en el área económica de nuestra vida. Mientras no hayamos pagado esa deuda el acreedor tiene autoridad y posee el derecho de exigirnos o molestarse si hacemos mal uso de nuestro dinero. Por ejemplo, supongamos que le pides dinero prestado a un amigo para comprarte una guitarra. El acuerdo fue que cada mes le darías un abono a tu deuda para pagarla por completo en seis meses.

Él no te está cobrando intereses, no está haciendo negocio contigo, sólo te está ayudando. De pronto, antes de terminar de cubrir tu adeudo te vas de vacaciones un fin de semana y tu amigo se molesta. Te parece ridículo que se haya enojado si tú has cumplido hasta ese momento con todos tus pagos. ¿Quién tiene la razón? Él la tiene. Desde el instante que te prestó has quedado en deuda y le has otorgado autoridad en tu área financiera. Como no está haciendo negocio y te ha prestado de buena voluntad, ¿cómo crees que se sentirá porque te vayas de vacaciones antes de terminar de pagarle lo que te prestó? Lo mínimo que debes hacer es hablar con él para plantearle la situación y ver qué le parece. ¡Le has dado autoridad sobre ti al pedirle prestado! Si no quieres rendirle cuentas, entonces no le pidas prestado.

Algo parecido sucede con las fundaciones o misioneros que reciben aportaciones voluntarias. Aunque las dádivas sean donaciones, los donantes tienen derecho a recibir reportes de cómo están usando el dinero. El punto es muy sencillo, quien recibe dinero de alguien más adquiere un compromiso con el donante; le brinda el derecho de exigirle, de pedirle cuentas y le cede autoridad sobre esa área de su vida.

Sandra vive con sus padres. Tiene 25 años, trabaja y aporta dinero cada mes para comprar comida, pagar el teléfono y otros gastos. Debido a esto considera que ya no tiene por qué obedecer a sus padres en lo que le piden; sin embargo el puro hecho de vivir en casa de ellos les da autoridad sobre ella. Aunque aporte parte de los gastos, ella no cubre el monto de la renta de la vivienda ni el total de los gastos. Si quiere deshacerse de la autoridad de ellos necesita independizarse por completo. La lógica es simple: quien quiera libertad total, que adquiera responsabilidad absoluta de su persona, gastos y manutención.

Yolanda y sus impuestos

Yolanda tiene dos años trabajando por su cuenta como diseñadora gráfica. Han sido dos años increíbles. Cuando apenas iniciaba su despacho desde su propia casa logró un contrato maravilloso, la cuenta de un supermercado local. Con ese cliente tenía suficiente trabajo para tener un excelente ingreso, pero además logró incorporar otras cuentas. La cantidad de trabajo ha sido tanta que se vio en la necesidad de contratar a dos diseñadoras más para que le ayuden. El detalle con Yolanda es que se negaba a pagar sus impuestos. Le parecía injusto dar parte de su dinero al gobierno. Le parecía incorrecto regalar parte de su ganancia a un gobierno tan arbitrario, improductivo y corrupto como el de su país. Lo que le molestaba era entregar parte de sus ingresos a unos pillos de traje y corbata. Decía que prefería donarlo a alguna organización de beneficencia o a una iglesia y en ocasiones lo hacía así.

El problema con Yolanda es que cuando la agencia tributaria de su país identificó que ella no estaba cumpliendo con sus responsabilidades fiscales le extendió un citatorio y una fuerte multa. Ella vivió momentos tensos y difíciles. Sus nervios se hicieron pedazos al imaginar que incluso terminaría en la cárcel. Para su fortuna logró hacer un convenio fiscal que le permitiera salir adelante, pero por los próximos dos años tendría que hacer pagos mensuales además de cubrir los impuestos de sus nuevas ventas. El orgullo disfrazado de justicia le había derramado el café de su taza.

Tal vez muchos hemos experimentado en alguna etapa de nuestra vida la sensación que vivió Yolanda. El problema es que, aunque ella tenga razón en algunos de sus argumentos, el gobierno tiene la autoridad para sancionarla.

No importa si ella tiene razón o no, o si el gobierno está haciendo buen o mal manejo del dinero, si ella hace su parte mal, sufrirá las consecuencias que la autoridad tiene derecho a fijar. Si Yolanda hubiera aplicado la honra incondicional pagando su parte correspondiente de impuestos aunque creyera que el gobierno no se lo merecía, no hubiera vivido esos momentos de tensión ni estaría pagando las multas y convenios que ahora cubre. La honra incondicional nos hace la vida más fácil.

3. Escucha el consejo de gente mayor o con más experiencia

Esta es una excelente alternativa para mantener la taza vacía. Quien está abierto a escuchar el consejo de los demás es alguien que tiene espacio en su taza para recibir más café. Debemos aceptar que las personas que han vivido más tiempo han tenido la oportunidad de experimentar situaciones que tal vez nosotros no hemos pasado. Sus conocimientos y vivencias nos evitan golpes y nos ayudan a tomar mejores decisiones. Por lo general nuestros padres suelen ser la principal fuente de consejo durante la infancia y juventud. Con torpeza y debido a que tenemos la taza llena nos negamos a escucharles y juzgamos sus propuestas como necedades o comentarios fuera de contexto. Sin embargo debemos admitir que una vez más el orgullo se está negando a ser domesticado. Ya sabemos que nuestro potro salvaje requiere del lazo de la humildad que le permita cambiar su rebeldía por aprendizaje.

Es importante escuchar las opiniones de personas expertas y sabias.

Sé que no todos los consejos de los demás son acertados, incluido los de los papás; sin embargo recordemos que los consejos no son órdenes. Nótese la diferencia. Un consejo es una sugerencia, no un mandato. Una persona prudente e inteligente escuchará consejos, los analizará, filtrará lo que considera inapropiado, pero aprovechará lo que sí le es útil; entonces tomará una mejor decisión. También debemos darnos cuenta que en ocasiones lo que alguien en autoridad nos está dando no es un consejo, sino una orden.

Sin embargo, y regresando al tema de este punto, es importante escuchar las opiniones de personas expertas y sabias. Nótese que dije expertas y sabias. Muchas veces les hacemos caso a los consejos de amigos que no tienen experiencia y que tienen tanta sabiduría como Homero Simpson. Ten cuidado a quién pides sugerencias y recuerda que los consejos son sugerencias para tomar o desechar. Cuando vayas a solicitar consejo primero revisa a quién pedírselo. De entrada considera que sea gente exitosa en el área que va a opinar. ¿A quién de los compañeros de clase te conviene pedir que te explique matemáticas? Obviamente al que tiene buenas calificaciones en esa materia. De la misma forma analiza qué resultados ha tenido la gente a quien pides consejo. El Rey Salomón, considerado como el hombre más sabio de la Historia, afirmó que en la multitud de consejeros está la sabiduría. Esto nos dice que es conveniente pedir la opinión de varias personas.

Un Romeo frustrado (los consejos no son órdenes)

Francisco cursa el primer año de bachillerato y está enamorado de Lourdes. Sergio es el mejor amigo de Francisco y es un joven que ha tenido éxito con las chicas. Después de una práctica de futbol los amigos se quedan platicando acerca de Lourdes y sobre qué puede hacer Francisco para conquistarla. Sergio le da varios consejos: "Contáctala vía Facebook y dile que quieres invitarla a salir este viernes", "Ve a su escuela a la hora del término de las clases y dile que si van a comer en ese mismo instante, a las mujeres les gusta la espontaneidad y ese tipo de cursilerías".

Francisco aplicó la técnica del Facebook y Lourdes no aceptó la invitación; pero no me refiero a la invitación para salir; ni siquiera le aceptó la solicitud para ser amigos en Facebook. Se acercó a la salida de clases y tampoco funcionó. De hecho hasta pasó una vergüenza. Lourdes no le prestó gran atención cuando estaba con un grupo de amigas. Cuando Francisco le hizo la propuesta ella fingió no escuchar, le dijo que tenía prisa y se fue del lugar. Ahora nuestro Romeo frustrado está buscando a su amigo para reclamarle que sus consejos lo pusieron en ridículo. ¿Acaso lo que Sergio le propuso era algo que debía obedecer?, ¿le dio Sergio órdenes que él debía cumplir? Por supuesto que no, sus ideas eran simples consejos, sugerencias, no mandatos.

Cuando recibimos el consejo de cualquier persona tenemos la total libertad de seguirlos o no. La sabiduría consiste en aprender a pedir consejos, escucharlos, analizarlos y tomar lo que consideramos que es bueno para nosotros.

Hace bastantes años me correspondió fundar un centro de consejería gratuito de ayuda a la comunidad. Nuestros consejeros brindaban ayuda a personas y familias en momentos de crisis y de toma de decisiones difíciles. Aunque bastante gente recurría a solicitar ayuda, mucha más no se acercaba a pesar de estar viviendo tiempos críticos. Su caballo salvaje les impedía ir a la granja por miedo a ser domesticados. Durante varios años coordiné este centro y fueron muchas las satisfacciones que viví. Recibimos notas de agradecimiento, otras personas regresaban con algún regalo y otras hasta daban donativos. Admito que en nuestros inicios también me tocó recibir quejas: "Hice lo que me dijeron pero no me salió bien", "Le hice caso al consejero y las cosas no han funcionado"; "El consejo no sirvió, mi pareja sigue sin regresar a casa".

A pesar de que era una política nuestra aclarar a la gente que ellos eran los responsables de tomar sus decisiones y que asistir a la sesión no les garantizaba ningún resultado, tendían a culpar al consejero cuando las cosas no les salían como querían. En la mayoría de los casos cuando las decisiones funcionaban de manera adecuada creían que se debía a su gran sabiduría, pero si no resultaban favorables era culpa de quien les dio el consejo. Para resolver esto decidimos que antes de que las personas entraran a su primera sesión les hacíamos leer y firmar una hoja de términos, condiciones y límites de responsabilidad de nuestro servicio. Uno de los primeros puntos que se encontraban en la lista era que ellas eran ciento por ciento responsables de las decisiones que tomaran y que los comentarios y sugerencias de los consejeros eran simple consejos, no instrucciones ni mucho menos órdenes. Eso es algo que todos debemos entender.

Es de sabios escuchar los consejos, pero nosotros somos los únicos responsables de las decisiones que tomemos. Los consejos no son una orden ni una instrucción que debemos seguir de manera obligatoria.

Pide consejo a las personas que veas que han sido exitosas en las áreas que deseas mejorar o en las que vas a tomar decisiones; escucha las palabras de tus padres y presta atención a aquellos que han vivido más tiempo que tú o poseen experiencia en el tema en que requieres decidir. Es de sabios oír los consejos.

4. No quieras tener la razón todo el tiempo, es imposible

Es imposible que alguien tenga la razón todo el tiempo. Analicemos esto un poco. ¿Crees que sea posible que cada vez que alguien esté en desacuerdo conmigo sobre cualquier tema sea yo siempre el que tenga la razón? No importa qué tema sea: deportes, religión, política, economía, romance, el asunto que sea; y tampoco importa con quién estoy hablando: un maestro, mis padres, mis amigos, mi pareja, mis compañeros de la escuela o el trabajo. Cualquier persona y cualquier tema. ¿Crees posible que todas las veces que alguien no esté de acuerdo conmigo en cualquier tema, sea yo el que siempre esté en lo correcto? Conozco la respuesta: por supuesto que no. Es imposible que siempre tenga la razón; las puras probabilidades matemáticas me dicen que no es viable. La conclusión es contundente: es imposible que yo tenga la razón siempre. Bien, ¡pues tú tampoco! Es imposible que siempre tengas la razón. ¿Sabes qué significa esto? Que tú y yo estamos equivocados muchas más veces de lo que pensamos. Sí, te lo repetiré porque nos cuesta trabajo aceptar esta realidad: tú y yo estamos equivocados muchas más veces de las que creemos. Incluso muchas de esas ocasiones en que estamos seguros que tenemos la razón, estamos equivocados.

El día que comprendamos esta verdad, la humildad se convertirá en una cualidad común y las tazas de la mayoría estarán vacías, abiertas para aprender y recibir nuevas ideas. Peleamos y discutimos con tal de hacer creer a los demás que no nos equivocamos y que siempre estamos en lo correcto. Todos nos equivocamos, todos tenemos ideas que están mal y todos hacemos afirmaciones que son incorrectas. Tal vez ya lo sabías, pero de lo que no te habías dado cuenta es que tú y yo somos parte de "todos". A lo mejor en este mismo instante estés pensando que no eres así, que eres consciente de que te equivocas; que no eres ese tipo de persona arrogante que piensa que siempre tiene la razón, que cree que nunca se equivoca; que es tan perfecta y tan sabia que hasta Dios cuando tiene dudas la llama para preguntarle. Me da gusto que pienses así si es que ese es tu caso, pero déjame decirte que esta es una forma de pensar bastante riesgosa. Cuando digo que estamos equivocados mucho más de lo que creemos, no me refiero nada más a los patanes engreídos que se niegan a aceptan sus errores. Te incluyo a ti y yo también estoy incluido ya que sabemos que en ocasiones nos equivocamos. ¿Por qué? Porque esta situación de sentir que tenemos la razón es mucho más común y sutil de lo que crees.

Como decía, muchos pensamos que no somos así, que sabemos que nos equivocamos de vez en cuando; sin embargo a la hora de la verdad, no en nuestros pensamientos, actuamos diferente. Si alguien está en desacuerdo con lo que decimos, actuamos de la siguiente manera: "Yo sé que me equivoco, que no siempre tengo la *razón*; pero en esta ocasión sí estoy en lo correcto". El problema es que todas las veces pensamos así. Creemos que porque pensamos que nos equivocamos de vez en cuando no somos tan testarudos como los demás. Sin embargo son muy pocas las veces en que con honestidad aceptamos que estamos equivocados. Nos parecemos a los letreros que encontramos en algunas tiendas de abarrotes o colmados que dicen: "Hoy no presto, mañana sí". El asunto es que si regresas al día siguiente el letrero dice lo mismo. Estamos haciendo lo mismo cada vez que pensamos o decimos: "Sé que me equivoco, pero en esta ocasión no es así".

Aceptémoslo, tenemos que trabajar en reconocer que nos equivocamos con bastante frecuencia. Hemos estado equivocados muchas de las veces en que hemos defendido a capa y espada nuestra posición y argumentos.

145

Entiéndelo mamá, me gustan los hombres con aretes

—¡No mamá! Lo que pasa es que juzgas a Víctor sólo por su apariencia.

—No es así hija, entiéndelo, no es que no me agrade que se haya tatuado o traiga esas arracadas; lo que me molesta es que no veo que te trate bien. Si yo viera que es cariñoso y respetuoso contigo no me importaría tanto lo demás.

—Eso dices, pero la verdad es que te molesta porque usa aretes. Entiéndelo mamá, estos son otros tiempos, no son iguales a cuando mi papá te llevaba de paseo a misa, nosotros somos diferentes.

—Gilda, entiéndeme un poco. Sé que han cambiado muchas situaciones, pero lo que sigue igual es que a las mujeres nos gusta que nuestra pareja nos trate bien, nos cuide, nos respete, nos proteja y vea por nosotras. Yo no veo que Víctor esté pensando en cómo agradarte o ver por ti. Ahora no estás prestándole atención a eso, pero después te va a importar… y mucho.

—¿Y tú que sabes de lo que me va a importar o no? A mí me gusta la forma en que me trata y la novia soy yo, no tú. Sé que tú no hubieras querido un novio como él y por eso piensas que yo tampoco, pero yo no soy como tú.

Gilda está convencida de que lo que le molesta a su mamá de Víctor son sus tatuajes y los pendientes que usa. Cree que tiene la razón en la discusión con su mamá y ni siquiera se cuestiona si realmente su mamá está preocupada por cómo ella percibe que la trata Víctor. Si en ese momento le pidiéramos a Gilda que pensara en la posibilidad de estar equivocada y que su mamá tuviera la razón, lo más probable es que su respuesta sería que no es así. Es capaz de entender que en ocasiones se equivoca, pero está convencida que en esta ocasión no.

¿Lo ves? Así pensamos la mayoría y esto no desaparece con la edad. Todos creemos que estamos bien. Claro, pensamos en la posibilidad de estar equivocados alguna vez, pero no ésta. El problema es que siempre pensamos así: "Sí, sé que me equivoco a veces, pero hoy no". Conozco a muchos adultos que se mantienen en la misma posición de Gilda, incluso yo me he descubierto en ese engaño.

Si quieres evitarte problemas y aumentar tus posibilidades de aprender, crecer y prosperar, cuestiona tus posiciones y afirmaciones. Cuando estés en desacuerdo con alguien intenta escuchar sus argumentos, trata de comprenderlos. No estoy diciendo que debas creer a ciegas en lo que los demás dicen o incluso que tengas que estar de acuerdo con ellos. No, de ninguna manera. Hacer eso sería irnos al otro extremo y estaríamos entonces como velero que es llevado por el viento en cualquier dirección. Incluso para estar en desacuerdo necesitamos entender las ideas de los demás. Al hacerlo nos abrimos a concordar con ellos o a confirmar y sostener, pero ahora con fundamentos, que no coincidimos.

¿Tener la razón o tener los resultados?

El fondo de todo, lo importante, es darnos cuenta de que lo valioso en la vida no es tener la razón sino alcanzar los resultados. Vamos a suponer que Gilda sacara unos argumentos maravillosos para vencer las afirmaciones de su mamá. De ser así saldría triunfante de la discusión: "Le gané", "La dejé callada", "Ya no tuvo cómo refutar lo que le dije". Sin embargo, si ella está equivocada, ¿de qué le servirá haberle ganado a su madre? Si su mamá tiene la razón, aunque Gilda haya vencido en el debate, le esperan momentos de desilusión y llanto con Víctor. Salió triunfante de la plática pero perdió en la vida.

Somos una cultura afanada en tener la razón. Desde la escuela primaria nos enseñan que quien tiene la respuesta correcta es quien está bien y quien no la tuvo, mal. Cuando estaba en esos grados escolares no entendía por qué la maestra me preguntaba esperando que yo supiera las respuestas. ¿Qué? ¿No iba allí para que me enseñaran? Si iba a aprender era porque no sabía, ¿entonces por qué me preguntaba? Desde esa temprana edad aprendemos que lo importante es tener la razón, aunque en verdad no la tengamos. Las consecuencias de esto es que nos hemos convertido en unos necios que no queremos aceptar nuestros errores y conclusiones equivocadas. Aprendimos desde la primaria a llenar nuestra taza y dejarla así, o al menos a convencernos de que la tenemos llena.

Lo que nos pasa cuando tomamos esta actitud es que ganamos las batallas pero perdemos los resultados y entre esos resultados están las personas que queremos. He visto a parejas discutir defendiendo cada uno su punto de vista. Lo que les importa ya no es conocer la verdad o hacer el mejor acuerdo. No, lo que quieren es ganarle al otro, demostrarle quién es el que siempre ha estado en lo correcto. Con tal de tener la razón no les importa dañar su relación o tener un mal resultado. Esto lo he visto entre maestros y alumnos, compañeros de trabajo, entre amigos y entre el vendedor y su cliente. Como mencioné antes, no es algo que afecte sólo a los jóvenes, tal vez hasta en los adultos es más fuerte porque queremos guardar nuestra imagen; que todo mundo sepa que sabemos, que somos inteligentes, que somos valiosos. Como si nuestro valor radicara en tener la razón. Prefiero aceptar que estoy equivocado y mantener a mis amigos y tener buenos resultados con ellos, que por tratar de tener la razón obtenga pésimos logros y termine por dañar las relaciones con la gente que quiero.

Entre más flexible, más difícil que te quiebres

Los materiales que son más rígidos son los que se quiebran más fácil; por el contrario, los que son más flexibles resisten mejor los movimientos, cambios y embates. La tecnología que se ha desarrollado para que los grandes edificios resistan los terremotos se basa en colocar en sus cimientos unos pilotes que le permitan al edificio moverse cuando tiemble la tierra. Hace poco me tocó estar en el décimo piso de un edificio así durante un temblor. ¡Dios mío, cómo se movía! Sin embargo es justo esa flexibilidad la que le facilita mantenerse en pie. Lo mismo pasa con las personas. Cuando somos muy rígidos en nuestras posiciones y creencias nos volvemos más frágiles. Al parecer es al revés. A simple vista una persona inflexible, rígida, que nunca cede en sus posturas y argumentos parece ser más sólida, pero la realidad es que no lo es. ¿Por qué? Pues porque cuando no somos abiertos y recibimos un argumento o realidad aplastante, todo lo que creemos y dijimos se derrumba de un solo golpe, tal como le sucede a un edificio de infraestructura estática con un terremoto. Cuando nuestra seguridad y autoestima dependen de tener la razón, ¿qué nos pasará en el momento en que descubramos que estamos equivocados? Por el contrario, si nuestro sustento está en aprender, no en tener la razón, en realidad no importa cuántas veces nos equivoquemos, nuestra autoestima y seguridad continuarán firmes, pues no dependemos de que los demás y nosotros mismos creamos que estamos en lo correcto.

5. Renuncia a sentirte el único protagonista de la película

La vida no se trata solamente de mí. Obviamente para nosotros nuestra existencia se trata de nosotros, pero en realidad la vida en sí no se centra en nosotros. Cuando una persona cercana fallece todo se vuelve extraño. Las actividades funerarias se viven como en un sueño, como si todo lo hiciéramos en automático. Son momentos críticos y nebulosos. Sin embargo, si de pronto salimos de la funeraria o el panteón y nos quedamos de pie en la acera observando a la gente que pasa por allí, nos damos cuenta de que la vida no se trata de nosotros o del ser querido que acaba de partir. Para el resto del mundo todo sigue igual, nada ha cambiado. Solo en momentos así nos damos cuenta de esa tremenda realidad. Cuando vivimos ignorando que el planeta no gira alrededor nuestro nos desgastamos demasiado buscando que sea así.

> Todo lo que hemos logrado y aprendido
> se debe en buena parte a lo que otros
> han sembrado en nosotros.

Si quiero mantener la taza vacía necesito darme cuenta de que lo importante de la existencia no radica en que todo gire alrededor mío. Es como algunos actores de Hollywood que discuten por los créditos de la película. ¿El nombre de quién aparecerá primero o con letras más grandes?

Para desarrollar humildad es necesario que dejemos de preocuparnos por el tamaño de las letras. A fin de cuentas esa película hubiera sido imposible de realizarse si no fuera por todas las personas que colaboraron para hacerla posible. Si cualquiera de los participantes no hubiera hecho su parte o la hubiera ejecutado mal, la película sería diferente. No somos los únicos que hemos hecho posible que la historia de nuestra existencia se haya filmado.

Tomar una actitud humilde ante la película de tu vida o la mía es un verdadero reto pues ese caballito salvaje que tenemos dentro quiere ganar la carrera siempre. El ego nos impulsa a exigir reconocimiento. Queremos que los demás vean lo que hacemos y hasta lo que pensamos. Olvidamos que no somos los protagonistas centrales de la gran película y que el rol que representamos en la historia completa es tan fugaz, casi, casi como el trabajo de un extra que figura unos cuantos segundos.

Una manera de domesticar el orgullo es reconocer que todo lo que hemos logrado y aprendido se debe en buena parte a lo que otros han sembrando en nosotros. Somos lo que somos y hemos logrado lo que tenemos gracias a lo que hemos aprendido de otras personas. No nos educamos solos, somos el fruto de mucha gente. En la lista de los forjadores de mi vida y la tuya aparecen los parientes, los padres, los maestros, los amigos e incluso los enemigos. Ellos también nos han ayudado a aprender, de mala forma, pero a fin de cuentas aprendizaje. Por supuesto que hemos aportado y mucho, pero, ¿qué seríamos sin las aportaciones de los demás?, ¿dónde estaríamos?, ¿qué sabríamos?, ¿qué metas no habríamos alcanzado? Reconozcamos que hemos sido el depósito del conocimiento de muchas personas y eso nos ha formado, nos ha abierto puertas y brindado oportunidades. Seamos agradecidos en lugar de exigir que sea nuestro nombre el primero que aparezca en la película y con letras doradas y gigantescas.

Tan fácil como dar las gracias

Una de las maneras de mantener la taza vacía y de ganarnos la amistad y cariño de otras personas es siendo agradecidos. Además el mantenernos con ese espíritu nos ayuda recordar que no somos el centro del mundo. ¿Cómo te sientes cuándo alguien te agradece por algo que hiciste? Aunque no lo hayas realizado para que te lo agradezcan se siente bien que lo hagan, ¿no? ¿Cómo te has sentido cuando has hecho un esfuerzo por ayudar a otra persona y nunca te da las gracias? Pues los demás sienten lo mismo cuando les agradecemos o cuando no lo hacemos. Un buen reto a cumplir es mostrar agradecimiento a los demás. Tal vez empezar por quienes tenemos más cerca: familiares, amigos, compañeros de escuela o trabajo, maestros o jefes.

Hay muchas maneras de agradecerles, desde decírselos hasta entregarles una nota, escribirles un correo electrónico, mandarles una carta por correo regular, obsequiarles algo. No importa cómo lo hagamos, mientras lo hagamos. Tal vez hoy mismo es un buen día para iniciar una campaña de agradecimiento. Al hacerlo es importante decirle a la gente qué es lo que les agradecemos. No se trata de llegar y decirle: "Gracias por todo"; entre más específicos seamos, más efectivo será nuestro agradecimiento. Atrévete a hacerlo y matarás varios pájaros de un sólo disparo: harás feliz a esas personas, mejorarás tu relación con ellas, mantendrás tu taza vacía, domesticarás un poco el orgullo y evitarás creer que el mundo gira alrededor de ti. ¡Bastantes beneficios con una sola acción!

152

El capítulo en pocas palabras:

Quien tiene su taza llena ya no recibirá más café. De igual manera, quien piensa que todo lo sabe ya no aprenderá más. Necesitamos desarrollar humildad para crecer y mejorar como personas y en cada actividad que realizamos. Uno de los peores enemigos que tenemos es el orgullo y su antídoto es la humildad. El orgullo nos impide aprender e incluso perjudica las relaciones importantes que tenemos. Si trabajamos en mantenernos humildes, venceremos al caballo salvaje del orgullo.

La humildad consiste en reconocer las limitaciones y habilidades que poseemos; darnos cuenta que lo que somos y hemos logrado se debe a nuestro esfuerzo y a lo que otros han hecho por nosotros, lo que nos han sembrado. Para mantenernos humildes propongo que realicemos las siguientes actividades, así conservaremos la taza lista para recibir más:

1. Sé auténtico, no distinto. Lo que nos da valor ante los demás es si somos congruentes y transparentes, no qué tan distintos somos del resto. Todos somos únicos como seres humanos. No necesitamos esforzarnos por ser diferentes, para ser únicos. La autenticidad es más importante que ser originales.

2. Acepta que siempre habrá alguien con autoridad sobre ti. Al vivir en sociedad estamos destinados a tener siempre a quien rendir cuentas. No im-

porta la edad, situación económica o creencias, siempre vamos a tener una autoridad sobre nosotros. Cuando aprendemos a relacionarnos con esas autoridades la vida es más sencilla y nos evitamos muchos problemas. La manera más efectiva para hacerlo es a través de darles honra incondicional, la cual consiste en darle a cada quien el lugar que le corresponde aunque no se lo merezca.

3. Escucha el consejo de gente mayor o con experiencia. Es de sabios escuchar los consejos de los demás. Cuando lo hacemos debemos tomar total responsabilidad de cada decisión que tomamos. Los consejos no son mandatos, nosotros los analizamos y tomamos de ellos lo que nos parezca más prudente. Quien toma consejo de gente con más experiencia y buenos resultados, tendrá sabiduría para hacer sus decisiones.

4. No quieras tener la razón todo el tiempo. Querer tener la razón siempre no sólo es un error, es imposible. De nada sirve ganar discusiones si perdemos las amistades o si las ganamos estando equivocados. Nuestra seguridad debe basarse en aprender y no en tener la razón. Cuando nos empecinamos en estar en lo correcto no aprendemos y en lugar de eso dañamos a otras personas y no tenemos buenos logros. Por el contrario, cuando nos enfocamos en aprender, tener la razón se vuelve irrelevante, fortalecemos las relaciones y alcanzamos mejores resultados.

5. Renuncia a sentirte el único protagonista de la película. Ya lo sabes, la película en la que actua-

mos no es un monólogo. Tenemos lo que tenemos y somos lo que somos porque otras personas han sembrado en nosotros y nos han ayudado. Seamos agradecidos con aquellos que nos han brindado su apoyo y que han estado allí en momentos en que les necesitábamos. Practicar la gratitud nos mantiene humildes y bien ubicados, equilibrados. Espero que pongas en prácticas estas cinco ideas para que mantengas tu taza vacía todo el tiempo. Estoy seguro de que si lo haces, obtendrás grandes resultados en muchas áreas de tu vida.

Atrévete a desechar

Una mujer cargaba desde niña sobre su espalda una pesada bolsa llena de cosas inservibles. Caminaba por la vida fatigada, triste, sin muchas esperanzas. Veía como la gente la evitaba, no quería platicar con ella y menos convivir. Un día una niña le preguntó por qué cargaba esa pesada bolsa y para qué le servía. La mujer respondió que no sabía para qué servía, pero no creía que era pesada y que siempre la había tenido. La pequeña le dijo que se veía muy pesada y que no entendía por qué la cargaba si no le servía de nada. Sonrió y se fue. Ese día la mujer se despojó de la pesada bolsa. A partir de ese momento sintió que la gente no la evitaba, que sí quería platicar con ella y empezó a vivir con esperanza.

Con regularidad me encuentro con gente que me dice todo lo que le falta para que le vaya mejor. Así somos los seres humanos, nos concentramos en lo que no tenemos en lugar de ver lo que sí poseemos. Sé que si te pregunto qué requieres para alcanzar tus metas, vivir mejor y obtener mayores resultados en lo que quieras, escribirías una lista enorme de carencias que necesitas cubrir para prosperar. Te hago la lista de los "si tuviera" que escucho con más frecuencia, a ver si te identificas con alguno:

- No tengo suficiente dinero

- No tuve la oportunidad de estudiar en la universidad

- Mis papás no me apoyan

- Mi pareja no me entiende

- Si supiera otro idioma

- No sé usar las computadoras

- No tengo un "padrino" que me recomiende o apoye

- No tengo conocidos influyentes

- No soy alto

- No soy muy agraciada físicamente, si tuviera belleza sería distinto

- No tengo tiempo suficiente

- Mis amigos no son personas con influencias

La lista es interminable. Entiendo que sería maravilloso que todos tuviéramos cada uno de esos atributos, contactos y demás. Por supuesto que nos conviene trabajar para desarrollar algunas de esas características. Es posible tomar clases para aprender otro idioma o computación. También podemos esforzarnos en desarrollar relaciones públicas y conocer gente que nos apoye e incluso ahorrar para algunas cirugías plásticas y vernos mejor. Todo esto sería un buen ejemplo de cómo aplicar una actitud de libertad y no tengo objeción al respecto; sin embargo existe una manera más rápida y efectiva de mejorar los resultados que anhelamos. En lugar de enfocarnos en desarrollar todo aquello que nos falta, invirtamos energías en desechar lo que tenemos que nos impide avanzar o alcanzar lo que queremos. Este es un punto muy importante. Créeme que si te atreves a aplicar este principio tendrás mejores resultados en menos tiempo del que te imaginas. La clave radica en entender que avanzamos más rápido desechando lo que tenemos que nos estorba que desarrollando aquello que nos falta.

¿Alguna vez te ha sucedido el hecho de que mientras te estás bañando empieza a salir de pronto sólo agua fría? Terrible, ¿no? Creo que quien inventó el break dance y el hip hop lo hizo cuando le pasó esto. ¿Cómo recuperas más pronto el agua templada: abriendo más la llave del agua caliente o cerrando la de la fría? Para que no tengas que ir a hacer la prueba en la regadera te doy la respuesta: la opción correcta es cerrando la fría. La lógica es simple, si abres más el agua caliente, ésta tendrá que competir contra el agua fría que está saliendo para contrarrestarla hasta convertirla en agua tibia; por el contrario, si cierras la fría todo lo que quede será agua caliente. El principio nunca falla, siempre obtenemos resultados más rápidos deshaciéndonos de lo que tenemos que nos estorba, que desarrollando lo que nos falta.

Por favor no me malinterpretes, estoy a favor de aprender más, ponernos metas, desarrollarnos; sin embargo es mucho más rápido alcanzar logros si primero desechamos lo que nos está deteniendo. Digamos que para alcanzar metas éste debe ser el paso número uno.

Para aumentar tu velocidad

Alejandro acaba de ver en televisión las olimpiadas y quedó impresionado con los corredores de las competencias de cien metros. Se ha propuesto ser corredor y quiere mejorar su velocidad. El día que va a la pista por primera vez lleva una mochila llena de piedras en su espalda. Entra en la zona de corredores y continúa con el paquete colgando de su cuerpo. ¿Qué le recomiendas que haga para mejorar su velocidad? ¡Obviamente que se quite la bolsa que carga! En el mismo instante en que deja ese morral ya es más veloz pues pesa menos. ¿A poco no es maravilloso? El principio nunca falla; avanzamos más rápido desechando lo que tenemos que nos estorba que desarrollando lo que no poseemos. Alejandro aún no ha entrenado ni un solo minuto, pero tan sólo con quitarse un poco de peso ya es más veloz. Así de rápido alcanzamos resultados cuando nos atrevemos a hacer a un lado las actividades, e incluso personas, que nos están deteniendo de tener mejores resultados.

Entre más cargamos, menos avanzamos

A lo largo de mi vida me ha tocado mudarme varias veces de casa e incluso de ciudad. Es increíble que a pesar de que pensaba que tenía pocas pertenencias, cada vez que hago una mudanza me doy cuenta de decenas, centenas o millares de tiliches que tengo y que no me sirven para nada. En cada cambio mi familia y yo nos deshacemos de muchas insignificancias y un poco de tiempo después, establecidos en el nuevo lugar, nos volvemos a llenar de chucherías. Pareciera que los seres humanos tuviéramos una tendencia enferma e innecesaria a guardar objetos.

¿Has visto los programas de televisión en los que algunas personas acumulan tantas mercancías que ya ni tienen espacio para caminar en su propia casa? Es increíble ¿no? He visto unos casos en que la gente incluso ya no tiene espacio en su mesa para sentarse a comer, o en su recámara para recostarse con comodidad. Claro que esas ya son enfermedades psicológicas, sin embargo en alguna medida todos tenemos un poco de eso. Cargamos y guardamos recuerdos hasta sin darnos cuenta. Y eso es sólo hablando de objetos porque además de cosas así también tendemos a acumular cargas emocionales: rencores, recuerdos de dolor, ideas y prejuicios sobre otros y sobre nosotros mismos. Todas estas cargas no hacen sino detenernos y hacer el camino lento y pesado. Te garantizo que en el momento en que nos atrevamos a dejar este peso a un lado el recorrido será más ligero y avanzaremos con rapidez hacia nuestros deseos y metas.

Algunos vivimos como malabaristas de circo. Traemos tantas pelotas en las manos que sólo podemos concentrarnos en que no se nos caigan. Cuando estamos así lo importante ya no es tener logros, crecer, avanzar o conquistar sueños. Claro que no, ni siquiera pensamos en ello, ¿cómo hacerlo si estamos por completo ocupados en sobrevivir? Pocas veces nos detenemos a pensar si los malabares que hacemos son importantes y están haciéndonos felices o ayudándonos a llegar a lo que queremos lograr.

La transformación negativa de Claudia

Claudia se ha transformado desde que entró a su nueva escuela. Terminó los años escolares básicos con muy buenas calificaciones. Las maestras siempre se expresaron bien de ella y sus papás muy pocas veces tuvieron que corregirla por su conducta. Sus calificaciones fueron tan buenas en primaria y secundaria que tanto ella como sus padres pensaban en la posibilidad de una beca para la universidad. De vez en vez platicaba con ellos de su deseo de estudiar Negocios Internacionales. Se entusiasmaba pensando que conocería varios lugares alrededor del mundo. Tenía muchos sueños y se encargaba de que todo mundo se enterara de ellos. Sus amigos la conocían como una niña alegre y soñadora. Aunque no era la más extrovertida ni tampoco el centro de atención, su presencia y amistad no pasaban desapercibidas.

A pesar de esto, al poco tiempo de haber ingresado al bachillerato, todo cambió. Dejó de ser la niña amable y risueña para convertirse en una chica demasiado seria, de pocas palabras y pocos amigos. Su vestimenta y actitud se tornaron agresivas. Tan sólo su mirada, triste y seca, enviaba un mensaje de "no te me acerques" o "no me interesa hablar contigo". Ahora para los padres resulta común recibir quejas de los profesores y las malas notas han aparecido. Incluso la directora de la escuela habló con ellos para advertirles que es probable que Claudia repruebe un par de materias. Sigue siendo una chica inteligente pero no cumple con sus deberes y falta con frecuencia a clases. La posibilidad de la beca se ha esfumado y ya no platica más de sus anhelos por recorrer el planeta y estudiar Negocios Internacionales, de hecho ya casi no comparte nada, pues sus palabras son muy pocas.

No resulta ninguna sorpresa que los pocos amigos que tiene en la escuela se comportan parecido a ella. Entre los compañeros de clases los consideran raros, extravagantes y apartados. El presente y futuro de Claudia está en riesgo. ¿Logrará terminar sus estudios?, ¿entrará a alguna universidad?, ¿renunció o renunciará sus deseos de viajar? Tal vez todavía hay esperanzas de hacer algo por sus anhelos, pero lo que más le ayudaría sería deshacerse de su mala actitud y de los amigos que tiene ahora. Si hace esto regresaría al estilo de vida que le acerca a sus sueños. Por supuesto que ya la posibilidad de una beca se ve difícil, pero si se atreve a desechar lo que le frena y aleja de los anhelos de su corazón, recuperará mucho.

Si en este momento se propone iniciar nuevas actividades, tomar clases extra o procurar cumplir con sus tareas, será difícil mientras ella mantenga el mismo ritmo e intensidad de convivencia con esos amigos. En el mismo instante en que decida dejar de salir con ellos, en ese exacto momento estará abriendo nuevas posibilidades para su vida. Desechar nos da más velocidad que desarrollar.

No es lo mismo desechar que reciclar

Desechar significa exactamente eso: deshacernos por completo de algo, apartarlo de nosotros. Reciclar significa que volveremos a usar una cosa después de pasarla por un proceso determinado. Como sabes algunas empresas se dedican a recolectar cierto tipo de desperdicios y basura para recuperar todo aquello que sea reutilizable. Separan y limpian el vidrio, papel o ciertos plásticos y los venden a factorías para que los vuelvan a usar en la fabricación de sus productos. Eso es reciclar, en lugar de deshacerte de algo, lo transformas. Muchas personas no nos atrevemos a desechar lo que no está estorbando y decimos que cambiaremos, que transformaremos esas situaciones, cosas o relaciones. Así no funciona el prinicipio de desechar para tener resultados rápidos.

He conocido a muchas (créeme que muchas) parejas de novios en las que una de las partes, casi siempre la mujer, sigue con la relación a pesar de darse cuenta que su novio no es la persona que anhelaba. "Yo lo voy a cambiar", "en el fondo es muy buena persona, sólo tiene que cambiar un poquito". Recuerdo a una joven que me pidió consejo respecto al novio que tenía. Había varias cosas que a ella no le gustaban y no sabía si debía esperar a que él cambiara o debería acostumbrarse a que él era así. De lo que se quejaba era que el novio era poco detallista y considerado con ella. No era cariñoso ni detallista y charlaba muy poco. Cuando estaban juntos ella era la que iniciaba y terminaba las conversaciones. Le gustaba que él la escuchara pero extrañaba que no tenían conversaciones, sino monólogos. Le pedí que hiciera una lista de cómo debía ser para ella una pareja ideal. Que no pensara en su novio, sino en lo que a ella le gustaría. Después le solicité que anotara junto a cada punto en qué proporción llenaba su novio esas características. Lo calificó del 1 al 10, donde diez era que cumplía perfectamente el requisito y uno significaba que su novio era prácticamente opuesto a lo que ella quería. En un par de puntos este joven llenaba las expectativas, pero en la mayoría de ellos apenas alcanzaba un siete u ocho de calificación. ¿Le pregunté qué era lo que esto le mostraba a ella? Con una sonrisa un poco nerviosa me respondió que tenía mucho que trabajar en él para cambiarlo.

Tal vez te parezca muy cruel lo que voy a decir, pero creo que es real y práctico. Te aclaro que no estoy de acuerdo en utilizar a las personas como si fueran cosas: usarlas y tirarlas. De ninguna manera. Sin embargo, en una relación de noviazgo debemos ser muy inteligentes pues con el tiempo se puede convertir en matrimonio y esto ya son palabras mayores. A lo que voy es que si esta jovencita quería tener una relación de pareja satisfactoria no debería enfocarse en cambiar a su novio. Para empezar no sólo no tiene el derecho de hacerlo, sino que no tiene la capacidad para cambiarlo. Es como si una persona quisiera comprar una mascota para tenerla de compañía. No sabe exactamente qué tipo de animal quiere, pero de lo que está segura es que quiere que sea una mascota con la que pueda convivir, acariciarla, jugar, etc. Algo importante es que su animalito de compañía debe mostrarle cariño, acercarse a ella cuando llegue a casa, sentarse a sus pies, obedecerle, etc. No sólo quiere compañía, quiere relación, trato, convivencia. Al hacer su lista de lo que quiere con una mascota se da cuenta que un pez, un pájaro o una tortuga no es lo que está buscando; entonces va y compra un gato.

La solución a su problema no consiste
en modificar lo que hace, sino en dejarlo
por completo.

El problema surge cuando se da cuenta que los gatos no son tan cariñosos como a ella le gustaría. Cuando llega a casa éste no la busca ni se acerca; tampoco le ladra ni mueve la cola o salta de alegría al escuchar que abre la puerta. Le avienta una pelota para que vaya por ella y se la traiga y el gato ni siquiera voltea a ver el objeto. Lo que la dueña de la mascota debería hacer es reconocer que se equivocó. Lo que quería era un perro, ¿por qué comprar un gato? Lo que peor es que incluso piensa que su gato va a cambiar, que es cuestión de educarlo. Malas noticias: un gato, aunque intentes reciclarlo, no se transforma en can, tal vez logres que sea un mejor felino, pero jamás un perro.

Aunque la comparación con el asunto del novio es obvia, no quiero que me malinterpretes. No estoy diciendo que la gente no cambia, ni que los seres humanos somos iguales que los animales o que deseches a todas las personas que no te agraden. De ninguna manera. Lo que sí quiero comunicarte es que cuando en una relación de amistad, compañerismo o noviazgo, las otras personas no son lo que anhelamos o nos están alejando de lo que en realidad queremos, no deberíamos esforzarnos por cambiarlas o reciclarlas; en esas situaciones lo adecuado sería desecharlas, que en este caso significa alejarnos de ellas.

Para que este principio nos ayude a avanzar con prontitud hacia nuestras metas es indispensable desechar, no reciclar.

Vicente, sus amigos y el alcohol

Vicente tiene un problema con el alcohol. Cada fin de semana termina ebrio. Él y sus amigos, como tantas otras personas, han confundido diversión con intoxicarse. Un día despertó en su cama sin recordar lo que había sucedido la noche anterior. De hecho ni siquiera sabía cómo llegó a su casa. Sus amigos podrían contarle cualquier mentira sobre qué sucedió la noche anterior y él tendría que creerlo. Ante esta situación se preocupó bastante; por primera vez admitió que tenía un problema con el consumo de alcohol y se propuso tomar cartas en el asunto.

Su decisión fue beber menos. Le diría a sus amigos que ya no deseaba emborracharse ni disimularía tardándose más tiempo en consumir su trago para que los demás no le presionaran y pensaran que él tomaba al mismo ritmo que ellos. A pesar de que intentó estas y otras estrategias, amanecía con resaca cada sábado y domingo. Intentaba reciclar la relación con sus amigos y su forma de beber, pero no estaba funcionando. Vicente no quiere aceptar que la solución a su problema radica en dejar la bebida por completo. Requiere cambiar de amigos y alejarse del todo del consumo de alcohol. Tal vez no le guste la idea, pero actuar de otra manera no le ha dado resultados. Por supuesto que se divierte con esos amigos y los estima, sin embargo, si sigue conviviendo con ellos es casi seguro que cada vez estará más emproblemado con el asunto de la bebida. Si en verdad desea salir de esa escalera descendente hacia la perdición, la solución no es dejar de bajar escalones, lo que tiene que hacer es quitarse de la escalera.

Tres días a la semana en Facebook

Conocí a Marisol en un curso que impartí sobre manejo efectivo del tiempo. Me platicó que quiere convertirse en una experta en relaciones públicas y que le gusta el ambiente de la consultoría empresarial. Me dijo que está decidida a entrar a esos mundos a nivel profesional. Sabe que para ingresar con éxito se requiere leer mucho, estar enterada de las nuevas tendencias de negocios y desarrollar relaciones de trabajo con gente de ese medio; sin embargo también me compartió que no tiene suficiente tiempo para hacer todo eso. Con tal de ayudarle a mejorar en cómo maneja su tiempo, le pedí que hiciera una tarea. Se la expliqué y ella se comprometió a cumplirla.

Lo que tenía que hacer era registrar durante dos semanas sus actividades diarias, debía anotar en qué invertía su tiempo cada día. Le pedí que trajera consigo todo el tiempo una libreta y en ella anotara todo lo que hacía, registrando la hora en que empezaba y terminaba cada actividad. Aunque le daba un poco de flojera me dijo que lo haría y cumplió. Su sorpresa fue inmensa al descubrir que pasaba un promedio de 22 horas a la semana entre la televisión y la computadora. Claro, no me refiero a que hacía tareas escolares o investigaciones de mercado en su ordenador, por supuesto que no. Ese era tiempo que pasaba sobre todo en Facebook o viendo videos, series y películas. ¡22 horas! Eso es casi un día completo cada semana, incluso más, porque el tiempo que Marisol y todos los seres humanos pasamos despiertos no son veinticuatro horas. Si consideramos que en una oficina una persona trabaja en promedio 8 horas diarias, ella pasaba en su computadora y televisión casi 3 días de trabajo enteritos cada semana.¡Eso es como aventar a la basura 12 días cada mes! Sí, 12 días. Imagínate que de pronto cada mes te regalaran 12 días extra. ¡Uf! ¡Qué más quisiera que tener aunque fuera unas cuantas horas de más! Pues Marisol, después de anotar en qué invierte su tiempo, descubrió que estaba desperdiciando mucho de su vida. Ni siquiera digo que deje de charlar con sus amigos y leer sus mensajes de Facebook. Pero, si sólo le dedicara media hora diaria en lugar de más de 3, imagina todo lo que haría.

¿Qué crees que pasaría si Marisol le dedicara la mitad de ese tiempo a leer, trabajar o investigar en algo relacionado con lo que realmente quiere? En unos cuantos meses sería una experta en temas de consultoría empresarial. ¿Qué pasaría si parte de esas horas las invirtiera en estudiar otro idioma, hacer prácticas profesionales en algún despacho de relaciones públicas o de asesoría de negocios? El primer paso que tenía que dar Marisol era desechar el tiempo que le invertía a las redes sociales y a los programas de televisión. En el mismo instante en que ella se deshiciera de esto contaría con tiempo de sobra para desarrollar los proyectos que le entusiasman y alcanzar sus metas.

Aunque no era el caso de Marisol, algunas personas tienen por costumbre encender la televisión desde que se levantan cada mañana. Creo que varias la encienden sin pensarlo, de manera automática. Ni siquiera están interesadas en lo que verán. Creo que esas televisiones se despiertan antes que las neuronas del que las encendió. Al parecer a estas personas les gusta sentir que no están solas o necesitan un poco de ruido para sentirse cómodas, aunque algunas de ellas no viven solas y de todas maneras lo hacen. Esa misma gente suele actuar igual cuando come o al regresar por la tarde o noche a sus hogares o incluso ven la televisión mientras realizan otras actividades. ¿Les está acercando a sus metas y anhelos lo que ven y oyen?, ¿qué les conviene oír y ver en lugar de eso?, ¿a qué vale la pena dedicar ese tiempo?, ¿qué pasa si escucharan audiolibros o conferencias sobre temas que les sean de utilidad? Necesitamos atrevernos a desechar todo lo que nos está distrayendo de nuestras metas. Hacerlo nos produce grandes beneficios.

¿No puedes dejarlo? Entonces sustitúyelo

Para dejar algo requerimos fuerza de voluntad. He conocido gente con mucho dominio propio que si quieren dejar algo, se lo proponen y lo hacen; sin embargo, y siendo honesto, he conocido a mucho más personas que no tienen esa virtud. Dicen que van a hacer algo y no lo hacen, o tal vez lo realizan una o dos veces, pero luego regresan a lo mismo. Es como lo que les pasa a muchos con los propósitos de Año Nuevo: "Ahora sí voy a bajar de peso", "Haré ejercicio varias veces a la semana", "Ya no voy a comer carbohidratos", "Leeré un buen libro cada mes", "Voy a ahorrar para mi futuro". Ya sabemos qué es lo que sucede: tal vez lo hagamos unos días y después volvemos a nuestras rutinas negativas. ¿Por qué? Pues porque no somos tan fuertes en nuestra voluntad.

Es conveniente pensar en sustituir, además de considerar la posibilidad de desechar. Recordemos que afirmé que la clave no está en reciclar pues es seguir con lo mismo. Por sustituir me refiero a cambiar lo que estamos haciendo y que nos perjudica por algo que nos beneficie. Si Marisol deja de pasar tantas horas en la computadora, pero no usa ese tiempo para algo que le convenga, terminará invirtiéndolo en cualquier cosa o tal vez regresará a Facebook.

¿Qué te parece más atractivo, regalarme tu reloj o intercambiarlo por el mío? Me imagino que lo segundo, ¿verdad? Claro que quieres primero ver mi reloj, pero siempre intercambiar será mejor y más fácil que dejar.

Sustituye con inteligencia

Si queremos deshacernos de un hábito, adicción o situación que nos está perjudicando, debemos sustituirlos por buenos hábitos; sin embargo no todas las sustituciones nos funcionan como quisiéramos. Conozco personas que para dejar de fumar empiezan a comer entre horas. El problema es que después caen en la famosa frase: "Después de un buen taco, un buen tabaco"; es decir, en lugar de sustituir adquirieron otra costumbre sin dejar la primera. Así, ahora, además de seguir fumando, están subiendo de peso por comer de más.

La clave para que no nos suceda esto es que debemos considerar que lo que vamos a adoptar para sustituir un hábito o relación negativa debe cumplir un par de requisitos. El primero es que lo que vamos a adquirir debe gustarnos o al menos convenirnos. Debemos elegir algo que nos produzca placer o buenos resultados. Si no es así, lo más probable es que no lo tomemos de manera definitiva. La segunda consideración es que se oponga a la costumbre o actividad que queremos dejar. Debe ser algo que al practicarlo nos impida seguir realizando la acción anterior.

Josefina quiere que su hijo deje de ver tanta televisión. Para ayudarle a sustituir esa costumbre le compró varios libros para colorear. Por supuesto que esta movida cumple el primer requisito, colorear es algo que a su hijo le gusta hacer; el problema es que ver la tele y pintar no se oponen, es posible hacerlas al mismo tiempo. Ahora el pequeño colorea mientras ve la tele. Recuerda la regla de oro de la sustitución: "Es necesario que la nueva actividad se oponga a la que deseamos desechar".

Martín descubrió que está pasando demasiado tiempo en las redes sociales. Al cuestionarme con qué sustituir esa tentación le pregunté si practica algún deporte. Me comentó que le gusta mucho el basquetbol pero que hace tiempo que dejó de practicarlo. Es un deporte que le gusta y que estaría contento de jugar más. Como en su escuela tienen un equipo representativo de este deporte, se propuso aplicar para formar parte de él. Para su fortuna, lo aceptaron. Ahora entrena con su nuevo equipo tres horas, tres veces por semana y los sábados suelen tener partidos. Esta nueva práctica, además de permitirle reducir el tiempo que dedicaba a la computadora, también está mejorando su salud. Todo esto mientras practica algo que le gusta mucho. Su sustitución ha sido todo un éxito.

¿Me aceptan como su amigo?

¿Recuerdas a Vicente, el joven que tomaba demasiado alcohol cuando estaba con sus amigos?

En una ocasión él y sus amigos tuvieron un accidente automovilístico. Eleazar, uno de sus cuates, era el conductor.

Como estaba tan ebrio no tuvo capacidad de operar bien el auto y lo estrelló contra un poste. Dámaris, una de las amigas que les acompañaba, fue hospitalizada por varios días como consecuencia del incidente. A la mañana siguiente Vicente despertó con dolores en cada músculo. Le dolían partes de su cuerpo que ni siquiera sabía que existían. Esto además del terrible dolor de cabeza que tenía por la resaca y la culpa moral por lo ocurrido a Dámaris. Al bañarse se percató que en su piel había moretones por todas partes. Una vez más pensó: "Esta fue la última vez que tomo cuando me reúna con mis amigos". El siguiente fin de semana estaba borracho en casa de unos de sus compañeros, como siempre.

Lo que Vicente hacía no estaba funcionando. Cuando se acercó a pedirme consejo le pregunté si tenía otro grupo de amigos. Respondió que no, que conocía gente en su escuela, pero que no eran sus amigos.

—Y entre esos conocidos o compañeros de clase, ¿no hay algún joven o jovencita que veas que vive diferente a tus amigos y ti?

—Sí, claro que hay algunos que no toman, pero la verdad son la minoría.

—¿Por qué no te acercas a alguno de ellos y le dices que quieres ser su amigo?

—¿Qué? Llegar así no más y decirles: "Hola, ¿me aceptan como su amigo?"

—¿Por qué no?

—Pues porque es muy vergonzoso, no voy a hacer el ridículo diciendo eso.

—¿Y no estás haciendo el ridículo cada fin de semana que te embriagas?, ¿no crees que es vergonzoso el accidente que tuvieron?, ¿tener que decirle a los padres de Dámaris que su hija casi pierde la vida porque ustedes estaban tomados?, ¿te parece más vergonzoso pedirle a alguien su amistad?

—No lo había pensando así…

—Ya te has demostrado suficientes veces que mientras te sigas reuniendo con estos amigos seguirás tomando. ¿Qué estás esperando?

—Creo que lo intentaré.

Vicente se acercó a un par de jóvenes de su salón universitario y les comentó que deseaba juntarse con ellos. A pesar de que no eran el tipo de personas con las que estaba acostumbrado a reunirse hizo un esfuerzo y empezó su relación con ellos. Sus amigos anteriores le siguieron invitando por un tiempo para que fuera a sus reuniones, pero Sergio no lo hizo. Se aseguró de asistir a las actividades de sus nuevos compañeros en lugar de ir a las de los otros.

Sus nuevas amistades le llevaron a un grupo de jóvenes al que ellos asistían. En él estudiaban temas bíblicos y convivían de manera sana, iban al cine, al boliche, a tomar un café o se reunían en casa de alguno de ellos, pero sin alcohol de por medio. Además de dejar de beber Sergio se convirtió en una persona más disciplinada y servicial. Un beneficio extra que tuvo es que allí conoció a Blanca, quien ahora es su novia.

Los sustitutos del azúcar

Cuando yo tenía como 14 años mi mamá fue diagnosticada con diabetes. En aquél entonces no era una enfermedad tan común como lo es ahora. Recuerdo que para ella fue un gran reto. Imagínate, apenas empezaba la década de los ochentas y en México casi no había ningún producto sin azúcar o de dieta. Para ella fue muy complicado alimentarse. Tuvo que dejar toda golosina y acostumbrase a comer sin endulzar los alimentos. Como vivíamos en un estado fronterizo con Estados Unidos, cuando íbamos "al otro lado" recuerdo que mi mamá se ponía feliz porque allá encontraba un refresco sin azúcar. Aún recuerdo la lata rosa en la que envasaban la bebida. Se llamaba Tab y la fabricaba Coca Cola.

Con el paso de los años, y con el aumento de la diabetes, empezaron a surgir los sustitutos del azúcar. El primero fue la sacarina, después el aspartame, luego la dextrosa, estevia, miel de agave, etc. Ahora entiendo más sobre este tema porque cuando yo tenía 30 años me enteré que recibí esa dulce herencia. Así, cuando yo iba a Estados Unidos me aseguraba de pasar a una tienda de alimentos para comprar mermelada, refrescos y algún helado sin azúcar. En aquél entonces ya había más productos que cuando mi mamá modificó su alimentación.

Actualmente muchos productores de alimentos y golosinas han incorporado algunos de estos endulzantes al preparar sus productos permitiendo que los coman personas con diabetes y otras que están a dieta. Ahora vamos al supermercado en cualquier país y encontramos una sección de productos libres de azúcar.

Gracias a esto ahora tenemos refrescos, postres, dulces y hasta miel sin calorías para que los diabéticos y quienes cuidan su peso los disfrutemos sin sentir culpa. Llevar una dieta de diabético es mucho más fácil ahora que existen tantos alimentos con endulzantes sustitutos. Dejar de comer es mucho más difícil que sustituir los alimentos. Qué gran ventaja tenemos cuando tenemos algo con qué reemplazar lo que queremos dejar.

El gimnasio para desechar

Recuerda que si no tenemos la fuerza de voluntad para desechar todo aquello que nos perjudica, hay que optar por sustituir. Lo importante es que nos deshagamos de lo que nos estorba para convertirnos en la persona que deseamos ser, o que nos hace más difícil alcanzar las metas y sueños que nos hemos propuesto. Te voy a recomendar dos tareas que te ayudarán a ejercitar el músculo de desechar porque algunos de nosotros hace mucho que no vamos al gimnasio de los desechos y nos hemos llenado de pertenencias que no necesitamos.

El primero de los retos es que revises tu clóset, cajones, garaje o cualquier lugar en donde guardes tus pertenencias. Las mamás revisen también donde colocan los enseres de cocina. Échense un clavado en las cajas de recuerdos, su ropa, bolsas de chácharas y todo ese tipo de chucherías. Revisen lo que tienen allí y todo aquello que no hayan utilizado en un año, regálenlo. Sí, no me equivoqué al escribir esto: regálenlo.

> ¿Por qué regalar cosas que son mías, que me pertenecen? Pues porque no las necesitas.

Me imagino que algunos de ustedes en este momento están a punto de infarto, les falta oxígeno y creen que me he vuelto loco. ¿Por qué regalar objetos que son míos, que me pertenecen? Pues porque no los necesitas. Si ya pasó un año y no los has usado es porque no los requieres. Además, si no nos atrevemos a desechar cosas materiales, sin verdadera importancia, aunque no las necesitemos, ¿crees que seremos capaces de deshacernos de aquello que no vemos como el egoísmo, orgullo, indisciplina, temor, flojera, etc.? Practiquemos deshaciéndonos de lo que sí vemos.

—Mmm… Pero Rafael, allí hay cosillas que tal vez necesite algún día. De verdad.

—Claro que quizás las ocupes en cierto momento, de hecho se necesitaron ayer y hoy mismo, pero en otra casa, con otras personas. A ti te sobran, pues no las has usado en un año completo.

En ocasiones al revisar todo lo que guardamos descubrimos enseres que ni recordábamos. A veces llegamos a necesitarlos, no los encontramos y compramos otros. Obviamente los que teníamos inicialmente aparecen hasta que hacemos limpieza a fondo.

Quienes se han mudado de casa o ciudad saben de lo que estoy hablando. Cuando te preparas para el trasteo crees que tienes muy pocas cosas, pero conforme empiezas a guardarlas van saliendo más y más; se llenan cajas y bolsas. Es como si las cajas se reprodujeran como conejos en primavera; pareciera que los cajones fueran una chistera de mago de donde siguen saliendo todo tipo de artefactos, recuerdos, herramientas y ropa. En una de nuestras mudanzas dentro de la misma ciudad guardamos la ropa en cajas. Dos bastante grandes las llenamos con ropa de invierno. No hablo de algunos suéteres, sino de abrigos, chamarras, guantes, gorros y ropa para temperaturas muy bajas. Lo sorprendente es que nosotros vivíamos en Hermosillo, una ciudad ubicada en el desierto de Sonora, en México. Allí el verano dura más que los dictadores en el poder. Las temperaturas de mayo a octubre difícilmente bajan de los cuarenta grados centígrados (ciento cuatro fahrenheit) y en los inviernos son muy pocos, pero muy pocos, los días en que por algunas horas los termómetros bajan alrededor de los cinco grados centígrados, unos cuarenta y un grados fahrenheit.

Lo que quiero decir es que esa ropa jamás la usábamos, tenía años guardada esperando el día en que fuéramos de vacaciones a un lugar frío o que el calentamiento global hiciera que los polos y sus glaciares se mudaran al desierto sonorense. Lo que en realidad sucedía era que nuestro terrible deseo de poseer y la falta de valor para desechar nos estaban convirtiendo en acumuladores invernales. Lo maravilloso de esta historia es lo que sucedió justo el día que mi esposa y yo decidimos que era absurdo seguir guardando esa ropa. Esa tarde nos visitaron unos amigos para despedirse pues se mudarían al estado de Utah en Estados Unidos. Conversando nos dimos cuenta que vivirían en una ciudad de inviernos nevados y sumamente fríos. Para completar la "Diosidencia" casi no tenían ropa adecuada para ello. Lo que había que hacer era obvio, practicar una bendición doble: nosotros bendeciríamos a nuestros amigos con la ropa que necesitaban y ellos nos bendecirían llevándose parte de la carga innecesaria que arrastrábamos y ayudándonos a ejercer la acción de dar. ¡Todos felices!

Te invito a practicar el desechar, deshazte de todo lo que no necesitas y no has utilizado por un buen tiempo. Además de que te dejará más espacio en tus habitaciones, te permitirá experimentar la hermosa sensación de libertad que nos da saber que los bienes no nos controlan, sino nosotros a ellos. Siendo honestos, sólo somos dueños de aquello que tenemos capacidad de regalar, de aquello de lo que nos desprendemos. Cuando tenemos objetos que no dejamos ir, entonces ellos nos poseen.

La lista de tus enemigos

La segunda tarea es que hagas una lista de todas los enseres, relaciones, vicios y hábitos que te alejan de crecer y alcanzar tus metas. Anota todo aquello que te está atando a vicios o que te impide mejorar como persona. Supongo que mientras has leído este capítulo has recordado actividades y relaciones que te están perjudicando. Haz una lista con todo esto. Se convertirá en tu relación de libertad, es decir, en todo lo que debes hacer a un lado para despegar.

Imagina todo lo que anotes en esta lista como si fueran cuerdas atadas a tus pies y manos y estuvieran ancladas al piso. Son verdaderas ataduras que están robando tu potencial, tus habilidades, capacidades y tu libertad; están impidiendo que tu presente y futuro sean más fructíferos, te están robando grandes logros y satisfacciones y te mantienen como zombie que ni vive ni regresa a la tumba. Todo lo que has anotado son tus verdaderos enemigos para el éxito.

Una vez que hayas hecho tu lista, identifica cuáles son las dos o tres costumbres o relaciones que más te afectan. Es en ellas en las que debes enfocarte para desecharlas. Recuerda que lo primero que te pasará por la mente es la idea de no desechar, sino reciclar: "Bueno, iré dejando esto poco a poco", "Les dedicaré menos tiempo", "Seguiré saliendo con estas personas pero menos veces". Reciclar no funciona en estos casos. Necesitas desechar o sustituir, tal como lo expuse unas cuantas páginas atrás.

Aunque te enfoques en las principales ataduras, también empieza a desechar las otras que tengas en la lista. Deshaste de lo que más te sea posible y experimentarás un nivel más alto de libertad para correr hacia tus metas. No dudes en pedir ayuda si te cuesta mucho dejar algo. No permitas que la vergüenza se convierta en un impedimento para que otros te ayuden a rechazar lo que te está robando la vida que deseas tener. Atrévete a pedir apoyo a quienes tienen la capacidad o experiencia para hacerlo.

Te invito a tomar en serio estas dos sugerencias para ejercercitarte en la práctica liberadora de desechar. Creo que hay pocas acciones en la vida que nos ayudan tanto como hacer esto. Disfruta la sensación que viene al darnos cuenta que casi no necesitamos de nada para ser felices y avanzar. Vive la experiencia de saber que tus capacidades son más grandes que lo material; que siempre hay personas que nos impulsan en lugar de impedir que nos demos cuenta que los sueños y anhelos son más grandes y fuertes que las ataduras.

El capítulo en pocas palabras:

1. Cuando queremos avanzar rápido en nuestros resultados debemos enfocarnos en desechar todo aquello que tenemos que nos está estorbando para crecer. Desechar nos ayuda a obtener resultados más rápidos que tratar de desarrollar habilidades que aún no tenemos.

2. Todo lo que carguemos que no necesitamos sólo nos servirá de obstáculo para alcanzar nuestros deseos.

3. Hay cargas físicas, otras relacionales y unas más emocionales. En la medida que desechemos estos sobrepesos lograremos crecer y salir de situaciones que nos están perjudicando.

4. No es lo mismo desechar que reciclar. Esto último funciona en la industria pero no en nosotros. Cuando en lugar de dejar algo o a alguien, tratamos solamente de disminuir la frecuencia o modificar un poco nuestra relación (reciclar) será muy difícil romper el ciclo negativo en que estamos.

5. Cuando nos es difícil desechar algo, la clave para lograrlo es sustituirlo. Es mucho más fácil dejar lo que nos estorba si buscamos con qué reemplazarlo.

6. Al sustituir debemos procurar que la nueva adquisición nos guste, convenga y se oponga a lo que deseamos dejar.

7. Aprendamos a desechar, es cuestión de practicar.

Es mejor dar que recibir

El trapecista novato estaba siendo enseñado por el experto a hacer piruetas en los columpios aéreos. El aprendiz tenía temor de soltarse para ser atrapado por su maestro. ¿Por qué no te sueltas de tu columpio? Preguntó el veterano. Tengo miedo de que si me suelto no me vaya a atrapar y caiga. Respondió el joven. Te estás enfoncando en dejar el columpio no en entregarme tus manos. Si te concentras en darme tus manos, te aseguro que las aceptaré por completo y ambos disfrutaremos el paseo.

Créele a los boxeadores, es mejor dar que recibir

Hay gente que piensa que dar es para religiosos, que sólo personas con una gran moral son las que tienen esa necesidad o capacidad. Cuando leemos o escuchamos que es mejor dar que recibir tal vez pensemos en grandes personalidades de la Historia: Jesucristo, Gandhi, Teresa de Calcuta y gente de ese calibre. Quizás también identifiquemos a personas nominadas a concursos especiales como los héroes de CNN o los participantes de programas como "Iniciativa México"; "El millonario secreto" y otros del mismo corte. Al pensar en gente dadora tendemos a creer que son héroes o súper personalidades. Esta manera de pensar es equivocada. Existe muchísima gente que vive dando todos los días. La naturaleza paterna y materna así nos lo demuestra. Cada día millones de papás y mamás salen a ganarse la vida para obtener los recursos para apoyar a sus hijos, para darles bienes, comida, educación, paseos, regalos y hasta caprichos. También los enamorados pasan buena parte de su tiempo pensando en qué dar a su ser querido. Gracias al deseo de dar que trae consigo el amor, sobreviven y hacen ganancias las tiendas de peluches, tarjetas, chocolates, golosinas, restaurantes, los cines y las compañías de celulares.

Dar sin amar es un acto doloroso, dar amando es un acto satisfactorio.

Observemos cómo dentro de la naturaleza misma del ser humano existe el deseo de dar a los demás. Roles como el de padres y el de enamorados no existen separados del dar. El amor tiene por naturaleza compartir y el ser humano tiene integrado en su interior un chip que nos lleva a amar. Gente común y corriente, como la que ves a tu alrededor y cómo tú mismo, da y comparte todos los días. Es triste que muchas de estas personas se limitan a dar sólo a los de su familia y a quienes aman. Por supuesto que esto ya es ganancia, pero existe un nivel mayor de satisfacción y es dar más allá, compartir con aquéllos que no conocemos y de quienes no obtendremos ningún beneficio.

Estoy convencido de que dar es una de las mayores satisfacciones de la naturaleza humana. Considero que hemos sido creados para sentir gozo cuando entregamos algo nuestro a otra persona. Dios nos puso los cables de tal manera que cuando oprimimos los botones del dar, nuestros dispositivos de felicidad, paz y satisfacción se activan.

Sabemos que una de las más grandes fuerzas que mueven al mundo es el amor. Este sentimiento ha inspirado a la mayoría de los artistas y a personas comunes y corrientes. Gracias al amor se han creado infinidad de películas, novelas, canciones, poemas y hasta grandes obras arquitectónicas como el Taj Mahal. Por amor ejecutamos locuras que nunca pensamos que haríamos, desde dejar de ver a nuestros más entrañables amigos en los años escolares para estar con la chica que queremos, hasta viajar kilómetros y kilómetros con tal de verle unas cuantas horas. El amor es un detonador de fuerza, de poder, de energía. El que ama tiene motivos para vivir e incluso para morir. ¿Y qué tiene que ver esto con dar? Como vimos unos párrafos arriba, amar tiene todo que ver con dar; de hecho, ése es su centro y razón de existir.

El verdadero amor, el que mueve montañas, convence a suegros y hace que el más haragán busque empleo, se basa en dar, no en recibir. Dar sin amar es un acto doloroso, dar amando es un acto satisfactorio. Piénsalo, cuando tenemos que dar y no queremos hacerlo es porque no amamos a quien le estamos obsequiando. Tal vez sintamos simpatía o cariño por esa persona, pero si le amáramos en verdad trataríamos de primero satisfacerle a ella que a nosotros. Dar es la esencia de amar. En realidad cuando nos duele compartir algo es porque queremos más el objeto que vamos a dar o a nosotros mismos, que a la persona que se lo estamos entregando. En cambio cuando amamos al otro no nos duele dar y gozamos al hacerlo. Por increíble que parezca hay dicha cuando damos para hacer feliz a quien estimamos. Nos alegramos con ver que le hemos hecho sentir satisfecho, que lo que hemos aportado servirá para que sea más feliz. Cuando estamos enamorados en serio lo que anhelamos es hacer feliz al otro y para ello no tenemos alternativa, el único camino es dar. Buscamos obsequiarle lo que agrade: palabras, tiempo, miradas, regalos, caricias, respaldo... O hasta un muñeco de peluche. Lo que sea. El amor se sustenta en el dar y cuando damos, expresamos el amor.

189

Los bienes materiales no nos hacen felices

Tal vez el título de esta sección te suene bello pero irreal, sin embargo es verdad. Así como dar es una de las más grandes satisfacciones por experimentar, lo opuesto, el retener, es uno de los principales causantes de sufrimiento. Parece increíble, pero el apego a los bienes nos vuelve miserables. El mundo actual se ha enfocado, o más bien enfocado casi por completo, en convencernos de que lo mejor a hacer en la vida es tener más y más posesiones. Los pequeños y grandes comercios viven gracias a nuestra enferma "necesidad" y deseo de tener. Se nos ha adiestrado para que creamos que las personas exitosas son aquellas que poseen más bienes y propiedades. El mundo de la mercadotecnia, en términos generales, se ha dedicado a hacernos creer que acumular y ser dueños de todo lo que se pueda, es la meta en la vida. Créeme, no es cierto.

Por supuesto que es agradable tener mercancías que nos gustan, pero éstas jamás nos proveerán felicidad. Los objetos no tienen el poder para hacernos felices, sólo las personas lo pueden producir. Es cierto que al adquirir algo que anhelamos nos sentimos bien, pero eso no es felicidad, es sólo una sensación agradable y pasajera. Es una satisfacción breve y muy frágil. Los objetos nos dan gustos, la gente nos causa plenitud. Nos esforzamos por conseguir cierto modelo de teléfono, ropa, zapatos, auto, casa o computadora y en el momento en que lo obtenemos nos sentimos bien; sin embargo, ¿qué tanto durará esa alegría?, ¿dentro de cuánto tiempo veremos un teléfono más sofisticado, una computadora más poderosa o un coche con más accesorios?

Hace poco cambié de computadora a una Apple. Desde hacía tiempo me la habían recomendado y al parecer sería una buena decisión. Me explicaron varias ventajas que terminaron por convencerme. Unas horas después de adquirir el ordenador me di cuenta de que me hacía falta adquirir varios accesorios: memoria externa, adaptadores para proyector y para cable Ethernet, protector de la cubierta de aluminio y algunos detalles más. Medio año después de haber adquirido el aparato ya había salido la nueva versión, más potente y atractiva, pero claro, con necesidad de algunos aditamentos extra. Es una historia sin fin, una carrera de ratas en donde la satisfacción total o permanente no es difícil de alcanzar, ¡es imposible! Ningún bien nos hace felices, ninguno.

Cuando vivimos situaciones extremas distinguimos con facilidad qué es lo que nos brinda dicha y satisfacción verdadera. ¿Quién no estaría dispuesto a cambiar cualquier pertenencia por la salud de un ser querido?, ¿quién no preferiría intercambiar el mejor modelo de teléfono celular por unos minutos más con quien ama? La dicha profunda surge de nuestras relaciones con otros seres humanos, no de nuestra posesión de artefactos. Los momentos más felices de cualquiera de nosotros están conectados con alguien más, no con la marca de la ropa que traemos ni con el último aparato que Apple haya sacado al mercado.

Jamás he conocido a alguien que en su lecho de muerte o ante el diagnóstico de una enfermedad terminal esté pensando en por qué no se compró un mejor reloj, casa o iPod; o que se arrepienta de no haber cambiado de coche o adquirido ropa de mejor marca. ¡Por supuesto que no! Cuando estamos en momentos como esos pensamos en lo importante, en lo que nos da felicidad profunda y verdadera: las personas.

Qué gran impacto me causó el final de la película de Steven Spielberg "La lista de Schindler". En ella el protagonista, Oskar Schindler, un empresario alemán, se dedica durante la Segunda Guerra Mundial a intercambiar su dinero y bienes por hebreos para salvarles de ser asesinados. Los compraba a militares nazis con el pretexto de ponerles a trabajar en su fábrica cuando en realidad lo único que deseaba era evitarles la muerte en manos del ejército de su nación. En la penúltima escena Schindler entra en crisis al ver que al término de la guerra aún tenía algunos bienes, como su automóvil, por ejemplo. En ese momento se arrepiente de no haberlos intercambiado por más judíos. Incluso experimenta gran culpa por el dinero que despilfarró en gustos, parrandas y enseres que ante el precio de una vida perdían todo valor. A pesar de que había rescatado alrededor de mil cien israelítas se recriminaba por no haber intercambiado todos sus bienes por unos cuantas personas más. Su pena surgía de estar consciente de que tuvo la posibilidad de haber dado más. Su frase llena de dolor: "Pude comprar más, pude comprar más..." nos recuerda que no existe ningún bien de mayor peso que la vida de un ser humano.

Con esto no pretendo decir que está mal poseer bienes; de hecho vivimos en un medio en que es casi imposible vivir sin ellos. Ciertas pertenencias son de gran ayuda, nos hacen la vida más cómoda y fácil. No está mal tener posesiones, lo peligroso es que se conviertan en el centro de vida, en una prioridad e incluso en nuestra razón de ser. Debemos evitar que los objetos nos posean a nosotros. ¿Cómo es esto?, ¿es posible que un objeto sea dueño de alguien?, ¿existe la esclavitud a cosas inertes? Por supuesto que sí. Yo mismo me he descubierto varias veces en esta situación. La buena noticia es que existe una escapatoria. Hay una llave que abre la puerta a la libertad de la dependencia de los objetos. Esta clave es el dar.

¿Quién es dueño de quién?

Casandra escuchó mi audiolibro *Las 7 'D's para triunfar*. Según me escribió en Facebook, quedó impactada con la tarea que les di cuando hablé de desechar. Al igual que en el capítulo anterior de este libro, le recomendé deshacerse de cualquier bien que no hubiera usado en un año. Me dijo que cuando escuchó esta sugerencia le pareció buena idea y se propuso hacerlo. Cuando revisó sus cajones y closet descubrió que había muchas prendas que no había utilizado en varios años. Encontró ropa, zapatos, accesorios, maquillaje, artículos escolares, equipo electrónico, recuerdos y hasta juguetes de cuando era niña. Se propuso desechar lo que no había usado. Al tratar de hacerlo descubrió que había vestuarios y recuerdos que no se atrevía a dejar. En su mente entendía que era absurdo seguir guardando juguetes que ya no usaría, como por ejemplo sus Barbies y todo un juego de accesorios para ellas: un coche deportivo, su casa de playa, ropa, accesorios, etc. Sin embargo de sólo pensar en deshacerse de sus muñecas se angustiaba, sentía que no debía desecharlas. No le fue tan difícil regalar parte de su ropa, pero con algunos de sus juguetes y sus zapatos estaba sufriendo.

Ella misma se creaba justificaciones para mantener el calzado que incluso ya había pasado de moda: "Un día volveré a usarlo", "Tal vez en alguna ocasión me sirvan para una fiesta retro", "Me los regaló mi tía más querida", "Son un recuerdo de mi graduación de bachillerato" y argumentos por el estilo. La realidad es que no podía deshacerse de esas pertenencias a pesar de saber que nunca las usaría de nuevo. Con sus juguetes pasaba lo mismo. Era como si los objetos la controlaran a ella en lugar de ser ella quien ejerciera dominio sobre ellos. Cuando me mandó su mensaje privado escribió estas preguntas que se hacía mientras sufría por intentar regalarlos: "¿Por qué no me atrevo a obsequiarlos? Si ni recordaba que los tenía, ¿por qué ahora que los veo siento que los necesito?, ¿realmente me voy a arrepentir si los desecho?".

Le sugerí pensar en las personas a quienes les ayudaría si se los obsequiaba, algunas niñas o jóvenes que los disfrutarían tanto como ella lo hizo en su momento; que imaginara a alguna pequeña feliz al recibir esas muñequitas con todos sus complementos; que pensara en alguna jovencita sintiéndose hermosa al calzar las zapatillas que ella ya no usa o que hiciera el esfuerzo y regalara todas esas pertenencias, aunque fuera para hacer el experimento y ver qué sentía al hacerlo; que se demostrara a sí misma que era más fuerte que esas mercancías; que se dijera una y otra vez que no las necesitaba y comprobara que no pasaría nada malo cuando no las tuviera. También le solicité razonar que si las hubiera perdido en una catástrofe, en un incendio por ejemplo, sobreviviría sin ellas. Si algo le servía de recuerdo, como los zapatos que le regaló su tía, le sugerí que les tomara una foto y se quedara con esa imagen como memoria.

> No está mal tener posesiones, lo peligroso es que se conviertan en nuestro centro de vida.

Días después recibí su respuesta. Se atrevió a hacerlo. En cuanto leyó lo que le escribí recordó a un par de niñas que sabía que serían felices con sus juguetes, se armó de valor y se los obsequió. Al principio dudo de lo que hacía, pero cuando vio los rostros de las pequeñas al recibir los juguetes, algo maravilloso le sucedió. Además de sentirse orgullosa de haberlo logrado, experimentó gran satisfacción al ver que las hacía felices. En ese momento entendío que lo que hacía era lo correcto. Al regresar a su casa metió varios pares de zapatos en bolsas, dispuesta a regalarlos. Incluso agregó algunos que no tenía pensado obsequiar, pero ahora experimentaba una especie de libertad; era como si de pronto no los necesitara más. Me platicó que después de los zapatos sacó más reliquias de sus cajones, incluso tiró recuerdos que sólo le robaban espacio. Descubrió que no necesitaba unos zapatos viejos para recordar con cariño a sus seres queridos.

Así es el dar, nos libera, nos abre la mente y el espíritu para hacer felices a otros y darnos cuenta que nada debe controlarnos ni limitarnos. Cualquier objeto que toma control de nosotros nos hace daño. A nivel espiritual a eso se le llama idolatría, es decir, darle el lugar de Dios a algo que no lo es. No importa de qué tipo de objeto se trate, incluso si es algo con sentido religioso. Nada debe ejercer control sobre nuestra vida. Cuando no nos atrevemos a deshacernos de algo es porque a ese objeto le hemos dado demasiado poder, nos hemos esclavizado a él.

Sufrimos porque poseemos

Con toda razón las religiones enseñan que no debemos apegarnos a lo pasajero y que el antídoto para ello es vivir dando. En el momento en que nos damos cuenta que los objetos son desechables y que lo único importante son las personas y las experiencias que vivimos con ellas, tendremos menos problema para soltar las posesiones. Cuando entendemos que todo es fugaz no sufrimos por el temor al perderlo; pero si consideramos algo como nuestro nos aferramos y sufrimos de sólo pensar que un día no estará. Nos conviene recordar que aunque es grato disfrutar las cosas, éstas no son ni serán permanentes. Si tienes el dinero para adquirir ropa de marca, una motocicleta de lujo o un teléfono de última generación, qué bueno pero por favor no te afanes intentando obtener el siguiente. No pretendas impresionar a los demás por el logotipo de lo que tienes; hacerlo sólo expone que somos esclavos de lo material. Por supuesto que tenemos el derecho de adquirir lo que queramos, pero es inconveniente, y yo pensaría que hasta enfermo, angustiarnos y enojarnos porque no tenemos tal o cual ropa o aparato. Cada vez que logres renovar alguna pertenencia obsequia la que tenías, no acumules, reemplaza. No llenes tu closet con ropa que ya no utilizarás, acostúmbrate a vivir ligero de equipaje.

Así como tuvimos que ser enseñados para dar gracias, pedir disculpas y comer con propiedad, sería bueno que desde pequeños fuéramos educados para dar; pero a la mayoría de nosotros nos educaron para recibir, sobre todo ahora que el consumismo nos ha convencido de que a los hijos se les da felicidad comprándoles lo que pidan. La consecuencia ha sido que generamos un hambre por poseer que nos lleva a sufrir cuando no obtenemos lo que queremos o cuando lo perdemos. A esto es a lo que llamamos apego, y es esa necesidad de mantener con nosotros algo o a alguien; nuestra vida se vuelve dependiente de aquello a lo que estamos apegados. El problema es que la realidad nos enseña que no existe algo permanente. Todas las posesiones que tenemos y todas las personas con las que convivimos algún día no estarán con nosotros. Te lo garantizo. Apegarnos a un ser humano o a los bienes es creer que nuestro tiempo en este planeta es para siempre. Y aunque creo que en espíritu somos eternos, en lo material, no.

El sufrimiento surge de las pérdidas. Cuando creemos que perderemos algo importante para nosotros, sufrimos. Hagamos el ejercicio. Piensa en alguna vez que sufriste o te dio tristeza. Te garantizo que se debió a que perdiste algo o a alguien relevante para ti; o tal vez te entristeciste porque una persona importante para ti perdió o no obtuvo algo valioso que deseaba. Siempre que vivimos algún dolor emocional se debe a que hay una pérdida. Por supuesto que en la vida es imposible que nunca suframos. Todos hemos experimentado o viviremos la pérdida de seres queridos y nos dolerá. Amar trae consigo el riesgo de sufrir pues es seguro que un día se irá quien ahora está con nosotros. Con esto no estoy proponiendo que no amemos a los demás para no sufrir; por supuesto que no. Amar siempre trae el riesgo de la tristeza de perder al ser amado, pero es parte de la vida. No debemos renunciar a amar porque existe la posibilidad de sufrir después; lo que debemos hacer es evitar o eliminar en nuestra vida el cariño y apego a los bienes, a todo aquello que sea indigno de ser amado. Vivir un duelo por perder a un ser querido me parece entendible y un riesgo valioso; pero sufrir por quedarnos sin algo material no debería ocurrir.

Amar no es poseer

Algunos confundimos amar con poseer. La gente se ama, los objetos se usan y poseen; el problema radica en que en este mundo materialista se promueve justo lo opuesto. Por lo mismo terminamos usando a las personas y amando las pertenencias. Las consecuencias son evidentes, nuestras relaciones son frágiles, difíciles y llenas de desdicha. Es por ello que vivimos con una insatisfacción constante aunque tengamos muchas posesiones.

Cuando usamos a los invididuos y nos enfocamos en tener por tener, confundimos a los demás con objetos, les negamos su derecho a ser ellos mismos porque deseamos que sean como queremos. Es aquí donde confundimos amar con poseer y ejercemos autoridad y dominio sobre los demás. Es triste observar que muchas relaciones de pareja son un ejemplo de esto. De pronto ese sentido de ser dueños del otro nos lleva a sentir celos infundados y a limitar al otro, a exigirle que se comporte, piense y sea como esperamos. He conocido jovencitas que tienen que pedir permiso a su novio para ir a algún lugar, como si su galán fuera su dueño o su papá. Me tocó tratar un caso donde el novio se molestaba incluso si su novia iba con su propia madre de compras sin avisarle. Este joven se sentía con el derecho de saber qué hacía su novia todo el tiempo y con la autoridad para otorgarle o no permiso para salir de su casa. No la veía como un ser inteligente, libre, con capacidad de tomar sus propias decisiones. No, para él su novia era una propiedad más que él había obtenido. Tal vez su logro más preciado y querido, pero a fin de cuentas, una posesión, un bien, un objeto.

Lo sorprendente es que también he conocido adultos en las mismas circunstancias en que confunden amor y respeto con propiedad. Me parece bien que los cónyuges platiquen con su pareja sus planes personales, que tomen decisiones juntos, que analicen qué es lo que conviene hacer y qué no. Es sano ser considerado con el otro antes de tomar una decisión, es una clara muestra de respeto y compañerismo; pero considero inmaduro y peligroso que un adulto tenga que pedir permiso a otro como si se tratara de un subordinado, un niñito o su patrón. Cuando vemos a los demás como objetos nos molestamos si ellos no actúan como queremos. Creemos que son un televisor que encendemos y apagamos cuando nos place, que están a nuestro servicio como el auto, la ropa o una computadora; que les hemos comprado y por lo tanto deben actuar como les indiquemos; tienen que actuar para complacernos como cuando recorremos los canales del televisor hasta que encontramos algo que nos agrada; se nos olvida que el que ama debe anteponer al otro antes que a sí mismo; que debe buscar primero la felicidad del ser amado.

Ahora, jóvenes, no tomen esto como pretexto para decir que cuando sus papás les ordenan algo les están tratando como objetos. Lo que acabo de mencionar se refiere a un trato entre adultos. Mientras no seas autosuficiente y no tengas edad para vivir independiente necesitas y te conviene obedecer a tus padres. Eso no te convierte en una cosa, es parte del proceso de crecimiento y aprendizaje. El problema es cuando queremos ejercer ese dominio sobre nuestros hermanos menores, los amigos, la novia o el novio. Allí ya nos pasamos la raya, o como decían en mi pueblo: "Estamos haciendo pipí fuera del agujero".

Sé que cuando actuamos así no tenemos la intención de considerar al otro como objeto ni pretendemos robarle su libertad; sin embargo eso es lo que hacemos. Confundimos amar con exigir, preocupación con posesión y protección con control. Tantos años de entrenamiento para tener por tener han logrado que nos salga automáticamente.

¿Amo el café?

En mis años de bachiller me fui a vivir un año a Estados Unidos. Mi propósito era aprender inglés. Fue un año interesante porque además de estar lejos de mi familia y vivir en una pequeña comunidad donde nadie hablaba español, aprendí mucho de la cultura estadounidense, viví situaciones que me maravillaron y otras que no me gustaron. Entre éstas últimas está el uso que la gente de este país le da a la palabra "love" (amar). En esta nación utilizan la palabra amar como sinónimo de "me gusta", "me atrae" o "me parece agradable". Con regularidad escuchaba a la gente decir: "I love coffee" ("Amo el café"), "I love my dog" ("Amo a mi perro") o como rezaba la famosa campaña publicitaria de los ochentas: "I love New York" ("Amo a Nueva York"). Tal vez te parezca ridículo que me molestara escuchar esas frases, pero pensaba cuál era la diferencia al utilizar esa palabra para referirte al ser amado. Si alguien me decía "I love you" ("Te amo"), ¿qué tan valiosa resultaba la frase si la misma persona pronunciaba "I love my clothes" ("Amo mi ropa") o "I love this movie" ("Amo esta película")? Si su cariño por mí era del mismo tamaño de lo que sentía por sus zapatos, su perro o una barra de chocolate, pues como que yo no era alguien demasiado especial.

Las cosas no se deben amar,
las personas sí.

Entiendo que la traducción correcta cuando se referían a los bienes materiales no debería ser "los amo", sino "me gustan"; sin embargo los estadounidenses no utilizan la palabra "like" (gustar), sino "love" (amar). Para mí era inconcebible que usaran la misma palabra para expresar lo que sentían por su ser amado que por su taza de café. En México decirle a alguien "te amo" era algo reservado para una persona muy especial. Ni siquiera a un amigo o amiga se le decía eso. "Te amo" era exclusivo para alguien de quien estábamos enamorados. Incluso había novios que nunca se decían te amo, se limitaban a expresar un: "Te quiero mucho". Decir "te amo" eran palabras mayores.

Hablo de lo anterior en pasado ya que ahora veo que los jóvenes de mi país han adquirido la costumbre estadounidense de abaratar el significado de la palabra amor. Al igual que ellos ahora acostumbran decir "te amo" a una amiga o amigo, a una actividad o a un objeto. Para ellos no hay diferencia. Ya no existe una palabra que marque una pauta entre alguien especial y un sorbo de té. Hemos confundido las situaciones. Tal vez pienses que exagero; sin embargo soy un convencido de que el lenguaje crea y refleja realidades. Es posible conocer el corazón de alguien al escuchar sus palabras; éstas nos descubren, reflejan nuestro interior y exponen lo que pensamos. Al parecer en este mundo del consumo, las posesiones, las apariencias y las mercancías se han convertido en algo tan importante que son dignas de amarse y los seres queridos han pasado a formar parte de los bienes que poseemos.

No elijas tu carrera pensando en las ganancias

Vivimos una loca e interminable carrera de tener por tener en muchos sentidos. Llegamos al extremo de pensar que sólo seremos felices cuando logremos obtener ciertos bienes. Algunos jóvenes cometen el error de elegir qué estudiar pensando cuál profesión les dará más dinero en lugar de partir de cuál es la que les brinda más satisfacción. Ya sé que algunos están pensando que con la satisfacción no se come, pero seamos honestos, ¿elegimos una carrera porque dudamos que con otra nos alcance para comer? Por supuesto que no, el temor no es que no tengamos suficiente para los alimentos. Lo que nos angustia es que no alcance para comprar accesorios que ahora consideramos indispensables a pesar de que sabemos que no lo son.

Al enfocarnos en tener por tener perdemos de vista que trabajar en algo que nos desagrada es terrible. Hacer todos los días lo que no deseamos es muy frustrante. Desde mi perspectiva pienso que es un error elegir una profesión pensando que nos hará ricos. No estoy diciendo que sea malo prosperar, lo que afirmo es que considero una equivocación elegir a qué nos vamos a dedicar teniendo como principal objetivo qué nos va a dejar más ingresos. Mi experiencia en este punto ha sido que a fin de cuentas terminamos buscando cómo trabajar en lo que más nos gusta, lo hayamos estudiado o no; o que los que se resignan a practicar cualquier profesión con tal de ganar mucho dinero terminan frustrados. A fin de cuentas detrás de todo esto lo que vuelve a surgir es ese deseo enfermo de tener por tener.

Entre la mercadotecnia y la comida

Miranda siempre quiso ser chef. Le apasionaba preparar alimentos. Cuando estudiaba el bachillerato sus papás y hermanos eran los más beneficiados pues comían delicioso. La cocina era para ella su área de juego. Sin embargo no estudió Gastronomía. Ante los comentarios de amigos y familiares terminó aceptando que esa no era una profesión y que como pasatiempos estaba bien, pero no como algo a qué dedicarse de lleno. Estudió Administración de Empresas y se especializó en Mercadotecnia. En esta carrera "sí hay futuro" le decían.

Durante sus últimos años de estudios ingresó a una agencia de publicidad. Tanto sus compañeros de trabajo como sus amigos y familiares seguían disfrutando de su talento en la cocina, actividad que practicaba sólo cuando le sobraba tiempo. Mantuvo su reputación como buena cocinera. De vez en cuando en la oficina sus conocidos le pedían que les preparara platillos para eventos especiales. Cada vez que cocinaba se sentía realizada. La publicidad era su manera de ganar dinero pero su pasión sin duda estaba entre los sartenes, cucharones y condimentos.

Con el paso del tiempo Miranda fue dedicando más de su tiempo libre a preparar comida y venderla. Después de invertir diez años de su vida en el mundo de la Mercadotecnia decidió dedicarse por completo al arte culinario. En la actualidad es dueña de un negocio de alimentos gourmet para ejecutivos y para eventos especiales. Las aguas de su talento no fueron detenidas por la represa de "un buen empleo" y se desbordaron para seguir el cause que se había marcado desde su juventud.

Ningún trabajo, por más bien que pague, es tan satisfactorio como aquél que nos gusta hacer y cuando tenemos el talento para realizarlo lo más probable es que nos vaya muy bien. Es por esto que no fue ninguna sorpresa que los ingresos actuales de Miranda resultaran mejores que los que tuvo como empleada de algunas agencias publicitarias.

El centro de la vida no consiste en tener por tener. La felicidad no se encuentra en cuánto obtenemos, también tiene que ver con el cómo lo obtenemos. La realización personal está muy relacionada con lo que hacemos, no sólo con cuánto ganamos. No caigas en la trampa de elegir la vida que creas que te hará millonario más pronto. Me parece bien que busques tener una buena economía, pero no pierdas tu vida y realización personal en el intento de encontrarla.

203

¿Qué puedes dar?

Dar es el antídoto a la epidemia del tener por tener. Cuando nos acostumbramos a dar abrimos la puerta y ventanas de nuestra alma para que el apego circule por nuestro interior y se marche. Así, en lugar de encerrarnos con las posesiones, permitimos que transiten por nuestra vida: las obtenemos, las disfrutamos, las compartimos y las dejamos ir para permitir que lleguen otras; y si no llegan las que queríamos, no hay problema, el aire sigue circulando, sigue habiendo vida.

> Dar es el antídoto a la epidemia del tener por tener.

Dar no se limita a repartir bienes y dinero. Quizás no has sido tan favorecido en lo material hasta ahora y crees que por lo mismo no posees algo que compartir con los demás; pero el dar va más allá de los objetos. Es posible dar tiempo, atención, escuchar, conocimientos, ánimo, esperanza, etcétera. Cuando enseñamos a alguien en un área en la que tenemos conocimiento y experiencia, estamos dando. En lugar de apegarnos a nuestros conocimientos y evitar que otros los adquieran, hay que compartirlos, tal vez regalando tiempo para escuchar a otros, visitarles cuando están enfermos, acompañarles cuando están tristes o animarles cuando enfrentan retos o se sienten desalentados.

Todo individuo necesita sentirse escuchado. Cuando alguien se toma el tiempo para oírnos sin juzgarnos, sin dar consejos y sin reclamar, nos sentimos comprendidos. Stephen Covey compara la necesidad emocional de sentirnos entendidos con la necesidad física de respirar. Cuando nos falta aire sólo nos concentramos en encontrar cómo respirar. De la misma manera cuando alguien no se siente comprendido, no piensa en nada más. Esforzarnos por entender a los demás, es un regalo maravilloso, es obsequiarle oxígeno a quien ya no respira. Si escuchamos con la intención de entender, no de dar una respuesta, comprenderemos al otro y cuando él se sienta comprendido recibirá un gran regalo.

Piensa en quienes te rodean, los cercanos a ti. ¿Qué tienes para compartir con ellos?, ¿cuáles son las necesidades físicas o emocionales que les puedes suplir? Te invito a hacer una lista de ellos y anotar junto a sus nombres lo que les obsequiarás. Piensa más allá del dinero, ropa o comida. Usa tu imaginación; identifica qué te gustaría que te dieran a ti. Considera como opciones alentarles, dedicarles tiempo, llevarles a algún lugar, contarles una historia, leer algo al que tiene problemas de vista, permitirle hacer una llamada desde tu teléfono al que no tiene saldo para hacerlo. No sé, usa tu creatividad. Dar es una medicina con sabor dulce que bendice tanto al que recibe como al que la ofrece. Es un antídoto ante el materialismo que envuelve nuestro planeta y vidas, un repelente contra la indiferencia, la soledad y la vanidad. Haz la prueba y descubrirás que los boxeadores tienen la razón: es mejor dar que recibir.

El capítulo en pocas palabras:

1. Dar nos provee de grandes beneficios. Cuando compartimos algo nuestro, desde tiempo hasta dinero, vencemos el apego y nos abrimos a la posibilidad de amar con mayor intensidad.

2. Dar no es una característica exclusiva de la gente "buena", los santos o los héroes. Es una actividad al alcance de cualquiera y que necesitamos practicar. Cuando damos, experimentamos una de las mejores satisfacciones que existen.

3. Nuestra sociedad basada en el consumo nos ha hecho creer que las pertenencias nos harán felices. Vivimos y trabajamos con el propósito de comprar bajo la creencia de que entre más poseamos, más felices seremos. Pero esto no es verdad y después de invertir toda una vida tratando de acumular descubrimos que allí no está la felicidad.

4. Amar se fundamenta en dar, no en recibir. Cuando amamos buscamos compartir con el ser querido. Cuando estamos enamorados la dadivosidad surge espontánea, es parte de nuestra naturaleza. Rompamos el vicio de la acumulación a través de ejercicio de compartir.

5. El sufrimiento está relacionado con las mermas que vivimos a lo largo de la vida. Tener bienes produce placer momentáneo, pero una insatisfacción permanente.

6. Es entendible vivir un duelo al perder un ser amado; pero innecesario sufrir por la disminución de bienes. Hay que amar a la gente, no a las cosas.

7. Cuando amamos a alguien debemos buscar primero su beneficio y no el nuestro.

8. Nuestra educación del tener por tener nos ha llevado a pensar que la gente que nos rodea es un tipo de posesión nuestra. Confundimos protegerles con controlarles, preocuparnos con poseerles y amarles con exigirles.

9. Dar es el antídoto para el egoísmo, nos hace más felices y reduce nuestro sufrimiento. Es una práctica que nos conviene hacerla parte de nuestra vida diaria.

Piensa en principios para tener un buen final

Un holgazán que vivía en el campo envidiaba las cosechas que tenía su vecino. Cada año, cuando llegaba el tiempo de recoger los frutos, los del campo contiguo parecían más grandes y dulces y crecían en mayor cantidad. En una ocasión el perezoso no aguantó más y preguntó al vecino cuál era su secreto para tener tan buenas cosechas. No tengo secreto alguno, comentó el hombre. Cada año siembro la mejor semilla, riego la tierra en su tiempo, doy nutrientes a las plantas y espero que la naturaleza haga su parte.

Las leyes y los principios gobiernan, tú y yo, no

La vida se rige por leyes y principios, no por nuestros deseos, la suerte y ni siquiera por nuestra voluntad. Hay principios y leyes que determinan todo lo que hacemos. El mundo físico está gobernado por leyes que operan aunque no estemos de acuerdo con ellas. ¿Sabes qué va a pasar si tomo un vaso de cristal y lo suelto? Te apuesto a que conoces la respuesta. ¡Es increíble! ¡A todas las personas que les he preguntado esto han respondido correctamente! Todos sabemos que el vaso caerá y se quebrará. No importa si lo hice a propósito o si fue un accidente, la Ley de la Gravedad va a aplicarse sin importar cuál fue mi intención. Todos conocemos cómo funcionan las leyes y principios.

Si un bebé gatea en la cama de sus papás y no se detiene al llegar a la orilla, el llanto seguirá al golpe que se dará. Aunque el pequeño desconozca la Ley de la Gravedad, ésta se aplica sobre él porque la vida está regida por leyes y principios. No es algo justo ni injusto, así pasa, es cómo funciona el mundo. Quizás sea cruel que la Ley de la Gravedad también se aplique a los inocentes bebés, pero ni modo, así es. Podemos hacer un gran berrinche porque no nos parece correcto, pero no importa, de todas formas va a suceder.

Si aprobaste tus exámenes de matemáticas sabes que en la multiplicación y la suma el orden de los factores no altera el producto. Dos por tres da el mismo resultado que tres por dos. Siete más cinco es lo mismo que cinco más siete. El orden no altera el resultado, es una ley matemática. Todas las leyes aplican en cualquier época y en cualquier cultura, sin importar si las conocemos o no. Las leyes no cambian y mientras vivamos en este planeta seremos regidos por ellas. Si quién está haciendo la multiplicación es un chino, un irlandés, un hondureño o un canadiense, el resultado es el mismo. Aunque vivamos en los extremos de este planeta, las leyes son las mismas. De igual manera esto funcionaba idéntico para tus bisabuelos como para ti y los bisnietos que llegues a tener. En otras palabras, tampoco importa si las cuentas las hicieron hace dos siglos o ayer. Ni el tiempo, ni la geografía, ni la cultura modifican a las leyes.

Así como en las ciencias exactas las leyes gobiernan, en el mundo de las relaciones humanas lo que rige la vida son los principios. Éstos son el equivalente a las leyes, sólo que en lugar de aplicarse a las ciencias exactas lo hacen a las personas, nuestros actos y nuestras relaciones. Nos dicen qué pasará cuando hacemos algo o cuando no lo hacemos. Date cuenta de lo importante que es esto. Si los principios nos dicen qué sucederá cuando hacemos algo, entonces es posible elegir qué es lo que debemos hacer para tener el resultado que queremos, o al menos saber cuáles son los riesgos de cada decisión. En este sentido los principios son ayudantes que nos dicen qué redes debemos poner debajo del trapecio.

El mayor de todos los principios

Los principios nos muestran las consecuencias de nuestros actos. El principio más conocido y del que se desprenden muchos otros es el de la siembra y cosecha: "En la vida cosechamos con base en lo que sembramos". Sabemos que si sembramos semillas de limón con el tiempo cosecharemos árboles de limón. Es imposible que de esos granos surja un nogal o un manzano. No, las semillas de limón producen árboles de limón. De la misma manera es imposible que si no siembro amistad, coseche verdaderos amigos. Lógico, ¿no? Nadie debería esperar que sus amigos le sigan frecuentando y tratándole bien si él no hace lo mismo. Si alguien nos traiciona, habla a nuestras espaldas o publica en Facebook algo que le confiamos o que nos perjudica, lo normal es que nos distanciemos a esa relación. Al hacerlo es probable que ese compañero se convierta en ex amigo. El principio nos lo dice muy claro, primero se siembra, luego se cosecha. Pero esto aplica tanto cuando sembramos vegetales o frutas como cuando sembramos espinos y cizaña.

Mucha gente desea recibir de la vida lo que no le ha plantado. Es como si en inviernos nos acercáramos a la chimenea y le dijéramos: "Chimenea, si me das fuego te daré leños". Es tonto creer que así funciona la realidad. Sabemos que no pero en ocasiones tratamos de obtener resultados sin haber traído la leña. Esto es tan absurdo como pedirle al maestro que primero me dé la calificación y luego me haga el examen. Si quiero aprender algo, primero necesito poner atención, estudiar, practicar y entonces aprenderé. Si deseo ganarme el cariño de alguien, antes debo ser amable con él o ella, tratarle bien, poner sus intereses antes que los míos, visitarle, conversar. Si deseo que los demás me presten atención, antes yo debo escucharles con concentración, sin estar enviando mensajes por mi teléfono mientras hablan, sin interrumpirles, sin parlotear en lugar de oírles. No, lo que debo hacer es mostrarles mi verdadero interés por comprenderles. Entonces, y sólo entonces, los demás desearán entenderme. No hay una buena cosecha sin una siembra previa.

Las personas que son profesionales en ventas saben que para que un cliente les compre primero deben sembrar bastante pues no todas las semillas caen en tierra fértil. Pero es casi imposible que sin haber promovido nuestros productos o servicios, o sin haber visitado prospectos, logremos venta alguna.

Necesitamos esparcir semillas de calidad y con constancia. Al hablar de calidad me refiero a ser auténticos y honestos cuando plantemos. Algunos vendedores, por ejemplo, son inconstantes en su siembra, visitan o llaman a un cliente hoy y al siguiente día pero no dan un seguimiento adecuado y constante. Por calidad me refiero a que tengan preparada su presentación, que conozcan sus productos, que traten con amabilidad a sus prospectos y que les hablen con la verdad; que en lugar de intentar vender por vender ayuden a sus clientes a elegir su mejor opción. Eso es sembrar, lo otro es intentar arrebatar.

Lo mismo sucede en nuestras relaciones de amistad y de pareja. No esperemos que una relación amorosa fructifique si no somos honestos. Es imposible obtener buen fruto cuando no soy constante, fiel y sincero. Si invertimos por conveniencia en una amistad, estamos sembrando semillas débiles, infértiles. Es correcto invertir por interés en un negocio, pero no en un trato de amigos o cónyuges.

Retomando el tema de la constancia, si sembramos una semilla hoy y la próxima hasta dentro de dos meses, lo más probable es que no tengamos frutos. Lo mismo pasa con los que practican deportes. Si no dedican tiempo a hacer ejercicio varias veces todas las semanas, no deben esperar desarrollar condición física o una buena musculatura. Sé que no estoy hablando acerca de grandes revelaciones de la vida pues los principios son sentido común aplicado;

sin embargo también sé que cada vez es menos la gente con sentido común y mucho menos quienes lo aplican.

Hagamos un ejercicio para comprobarlo. ¿Estás de acuerdo que es de gran beneficio leer un buen libro cada mes? Ahora dime, ¿lee un buen libro cada mes la mayoría de la gente? ¿Coincides conmigo en que es importante comer alimentos saludables y hacer ejercicio al menos cuatro veces por semana?, ¿lo hace la mayoría de las personas? Conozco las respuestas. ¿Lo ves? Sentido común no es práctica común. Me parece interesante saber si tú sí lo haces o también formas parte de la enorme comunidad de seres humanos con sentido común y sin aplicación del mismo.

> Lo importante es plantar lo bueno, no vivir sin sembrar, porque entonces no tendremos fruto.

No cosechamos lo que sembramos, recolectamos mucho más

Si analizamos a fondo y con rigor el principio de la siembra y la cosecha, concluiremos que no obtenemos lo que sembramos; en realidad cosechamos con base en la naturaleza de lo que sembramos. Esto es algo que necesitamos entender. Sé que a primera vista parece ser una diferencia irrelevante, pero no es así, es muy importante. Cuando sembramos las semillas de limón sabemos que con el tiempo no sólo cosecharemos semillas de limón. Por supuesto que no, además de las semillas (que eso fue lo que sembramos) también obtenemos un árbol con su tronco, raíces, ramas, hojas, flores, limones y por supuesto también las semillas dentro del fruto. ¿Lo ves? Sembramos solamente semillas pero obtenemos mucho más además de ellas. No cosechamos lo que sembramos solamente (semillas de limón), sino que con ellas también obtenemos otro tipo de frutos. Después de haberlas enterrado y esperado lo suficiente tendremos un árbol que nos dará sombra. Quizás en alguna de sus ramas colguemos un columpio o nos sentemos debajo de él a escuchar a los pájaros. Con sus hojas obtenemos un confortante té y de los azahares disfrutamos su delicioso aroma en primavera. Del tronco y las ramas obtenemos leña. Todos esos beneficios recibimos porque son derivados de la naturaleza de lo que hemos sembrado.

Cuando invertimos comprensión y paciencia con alguien, además de obtener su reprocidad, recibimos recomendaciones, amistad, apoyo, consuelo, camaradería, momentos de diversión, oportunidades, posibilidades de trabajo, etc. Todo esto por sembrar amistad. Por el contrario, cuando plantamos indiferencia y mal trato no sólo obtendremos lo mismo a cambio, también produciremos soledad, indiferencia, descrédito, mala fama y enemistades. Así funciona el principio más importante en la vida del ser humano. No en vano la famosa Regla de Oro que compartió Jesucristo afirma: "Haz a los demás como quieres que hagan contigo". Esto es algo tan sencillo como decir, siembra lo que deseas cosechar. Tristemente he escuchado que muchas personas tergiversan la Regla de Oro diciendo: "No hagas a los demás lo que no quieres que te hagan". Aunque también es una frase lógica y parece tener buena intención, esta perspectiva en lugar de invitar a sembrar lo bueno, promueve no sembrar lo malo. En otras palabras, la sugerencia es que no sembremos. Recuerda que si no plantamos, tampoco cosecharemos. Lo importante es sembrar lo bueno, no vivir sin sembrar, porque entonces viviremos sin frutos.

La cosecha de Germán

Germán decidió unirse al equipo de Servicio Social de su escuela. Nunca antes había participado en este tipo de actividades porque le parecía que sólo los ñoños, nerds y mochos (religiosos) eran los que asistían; sin embargo, cuando ese día hicieron la invitación en el salón de clase, él levantó la mano y se anotó. Ni lo pensó, fue como si un instinto o el aburrimiento lo hubieran impulsado a alzar su mano. La cita sería el siguiente sábado a las siete treinta de la mañana en el patio central de la preparatoria. ¿Por qué se había metido en esto?, ¿en qué estaba pensando?, ¿en sábado y a esas horas de la madrugada? Demasiado tarde para hacer preguntas.

El sábado apareció por allí, aunque un poco tarde, pero allí estuvo. El profesor que coordinaba el evento se tomó unos minutos para presentar a los nuevos integrantes del grupo. Para varios fue una sorpresa ver a Germán entre ellos. Después el maestro explicó el objetivo de ese día. Irían a una colonia marginada de la ciudad para ayudar a sus habitantes a limpiar alrededor de sus casas. Un par de médicos y dentistas voluntarios harían consultas gratuitas; unas chicas realizarían cortes de cabello y el resto, además de asear la zona, fungirían como ayudantes o se encargarían de divertir a los niños.

En esa primera ocasión Germán ayudó por un tiempo a uno de los dentistas y después se fue a apoyar en las labores de limpieza. Antes de finalizar la jornada colaboró con los que, disfrazados de payasos, entretenían a los pequeños, que por cierto, en esa colonia eran muchísimos. En el camino de regreso conversó con un par de jóvenes con los que nunca había tratado a pesar de que uno de ellos era su compañero de clase.

Después de esta visita siguieron varias más: asilos de ancianos, escuelas rurales, hospitales, más colonias marginadas. Además de las laborales sociales los miembros del grupo se reunían dos veces al mes para prepararse. Con la dirección de alguno de los maestros y de los jóvenes con más tiempo en el voluntariado, aprendían sobre el servicio, la humildad y otras virtudes. Después de tres meses Germán estaba integrado al grupo y era un participante comprometido. El día que decidió sembrar de su tiempo en ayudar a otros echó a andar el ciclo del principio de la siembra y la siega. En su cosecha obtuvo un buen número de nuevos amigos; aprendió mucho y sentía que crecía como ser humano. Ahora tenía en sus nuevos compañeros amigos en los cuales confiar y hablar sobre temas que antes no tenía con quien conversar. Algo más que había cosechado era contar con los consejos y apoyo de los maestros que coordinaban los grupos de ayuda. Al visitar a personas con todo tipo de necesidades había aprendido a valorar lo que tenía en su casa, desde la regadera en que se baña a diario hasta el compromiso de sus padres por proveerle alimento, cariño y educación. Tal vez su más grande fruto era la gran satisfacción que sentía cuando recibía las sonrisas y palabras de gratitud de a quienes él y sus amigos ayudaban. Decidió sembrar y aunque no era su intención, en su tiempo, obtuvo una buena cosecha. Los principios no fallan.

¿Y qué podemos hacer?

Recuerda que actuar con base en principios nos da grandes ventajas para avanzar en la vida. No importa en qué área desees crecer, actuar basado en principios te ayudará a lograrlo. Intenta desarrollarte en tu intelecto, en el medio social, en los deportes, en tu desarrollo profesional o en una relación amorosa. En todas las áreas humanas los principios gobiernan. Ellos nos ayudan para alcanzar nuestras metas y nos sirven para salir de problemas. Además son una manera de conocer los riesgos de nuestras aciones. Si reflexionamos sobre las consecuencias de lo que pensamos hacer, tenemos la oportunidad de construir redes por si nos caemos del trapecio, o de elegir mejores opciones.

219

No siempre es fácil identificar qué es lo que debemos hacer, en especial cuando nuestras emociones y conveniencias están inmiscuidas. Es común que nos encontremos en situaciones en las que no sepamos qué es lo correcto. En algunas circunstancias no es tan sencillo descubrir cuál es la decisión adecuada. En esos momentos sería maravilloso entender cuál principio debemos aplicar y cómo hacerlo, pero, ¿cómo saberlo? Estoy convencido de que hay una forma de conocer cómo debemos actuar; pero antes me gustaría que revisemos unos casos que nos sirvan de ejemplo.

Casos complicados

Katia tiene 18 años. Estudia su último año de bachillerato. Ha estado saliendo con Eugenio y tienen una relación especial. ¿Qué significa especial? Pues que a ciencia cierta no saben cómo es su relación: no son novios, pero parecen. Son amigos, pero se tratan como si fueran novios. Sí se quieren, pero dicen que quién sabe. No hay compromisos, pero sí sienten celos. Cuando les preguntan qué son, responden que amigos, pero quiénes les conocen no les creen. La manera más sencilla de definir su relación es como lo dice su perfil de Facebook, "Situación sentimental: es complicado".

> No importa en qué área desees crecer, actuar basado en principios te ayudará a lograrlo.

Katia está embarazada. Tener una relación "free" le produjo una consecuencia "baby". Grandes preguntas pasan por su mente: ¿Qué debe hacer?, ¿tener el bebé o no tenerlo?; si lo tiene, ¿se debe casar con Eugenio?, ¿cómo saberlo?

Carla y Miriam salieron de fiesta el viernes por la noche. Son dos chicas responsables que quieren pasar un buen rato con sus amigos. Aunque algunos de ellos las presionaron para ingerir alcohol, ellas no lo hicieron. En la fiesta se encontraban Jaime y Edwin, dos chicos a las que ellas no son indiferentes. A la hora de regresar a casa sus dos amigos les ofrecieron llevarlas. Ellas necesitaban quién lo hiciera y Jaime y Edwin estaban apuestos y dispuestos. El problema es que los dos estaban un poco pasados de copas. Al Carla darse cuenta de ello le comentó a Miriam que mejor se fueran por otro medio; sin embargo Miriam no vio ningún problema en dejar que ellos les llevaran. Carla no se sentía cómoda de subir al auto si estaban algo ebrios, pero tampoco quería decirles no a ellos ni a su amiga. ¿Qué debe hacer? Si se sostiene en no subir al carro, ¿se ofenderían sus amigos?, ¿estará ella exagerando?

Fausto, hijo de un profesor universitario, vende exámenes que le roba a su padre. Para no ser sorprendido en su fechoría le ha pedido a Lucas, compañero suyo, que le ayude entregando una evaluación malversada a uno de sus jóvenes clientes. Lucas no está seguro si debe hacerlo a pesar de que Fausto le ha ofrecido compartirle parte de la ganancia. ¿Debe ayudarle? Él no se robó el examen, sólo lo entregaría. ¿Debe recibir el dinero?, ¿qué debe hacer?

Como encontrar las respuestas adecuadas

Aunque no existe una receta que aplique a todas los casos planteados, sí contamos con herramientas para afrontar este tipo de circunstancias. Más que un método o un manual, lo que sugiero es tomar en cuenta dos puntos: pensar a largo plazo y hacernos "las preguntas reveladoras". Cuando aplicamos estas dos herramientas lo más probable es que pensemos con base en principios, lo cual nos ayudará a tomar una mejor decisión.

Recuerda que los principios nos dicen qué sucederá dependiendo de lo que hagamos. Esto no quiere decir que las consecuencias lleguen de inmediato, necesitamos pensar tanto a corto como a largo plazo. Tomar en cuenta el futuro es algo que muy poca gente hace. He conocido adultos que han perdido trabajos, negocios y hasta sus familias por sólo pensar en lo inmediato. También he tratado con jóvenes (incluido yo mismo en mis años mozos) que por no considerar las consecuencias a largo plazo han tomado decisiones que terminan perjudicándoles. La mayoría de los seres humanos sólo pensamos si lo que hacemos o decidimos nos va a producir resultados o placer ahora mismo y olvidamos considerar las posibles consecuencias que eso nos traerá tiempo después.

Como te comenté al principio del libro, antes de terminar la universidad tuve la oportunidad de trabajar en la producción de un programa de televisión para la cadena más importante de México. El productor vio un cortometraje que mis amigos y yo habíamos hecho, le gustó y nos contrató para ayudarle en una serie de televisión que estaba por iniciar. Al principio fue muy emocionante. ¡Todavía no terminábamos la carrera de Comunicación y ya estábamos trabajando en una producción profesional con transmisión nacional! Mi relación con el director y el productor de la serie era excelente. Aprendí mucho de ellos. Sin embargo después de dos años renuncié para participar en un proyecto editorial. Aunque no me fue mal en ese nuevo trabajo debo reconocer que en ese momento tomé la decisión sin considerar el largo plazo. Ahora veo que era conveniente esperar un poco más para fortalecer mi aprendizaje de televisión. Fue una oportunidad para generar relaciones en ese medio e involucrarme más en las diferentes partes del proceso televisivo. Me faltó considerar los beneficios y consecuencias a futuro; sólo vi las opciones inmediatas, el corto plazo. Dos años en televisión es una buena vivencia, pero poco tiempo para adquirir gran experiencia.

Imagina un agricultor que cultiva nueces. Al iniciar su labor necesita plantar pequeños árboles de nogal que van a tardar varios años para dar un buen fruto. Si el agricultor pensara sólo en el corto plazo, no tendría la paciencia para esperar a que sus árboles crecieran. Tal vez dejaría de regarlos y fertilizarlos después del primer año; sin embargo, como conoce que los principios no fallan, pone su vista en el fruto que tendrá más adelante. Sabe que este tipo de producciones requieren tiempo. Está seguro que su paciencia será recompensada.

Es cierto que existen cultivos que dan fruto unos cuantos meses después de sembrarlos. Eso pasa con las hortalizas, por ejemplo. Si esparcimos semillas de melón, sandía, papa, chiles (ají) y cebolla, unos tres meses después recogeremos los frutos. Es verdad que aquí no se necesita tanta espera. Sin embargo una de las grandes ventajas de los frutos de árbol, para los que requerimos aguardar más tiempo, es que además del fruto que obtenemos, cada árbol tiene valor propio. Si un agricultor desea vender el campo en el que ha sembrado cultivos de rápida respuesta, lo que cobrará al venderlo es el precio del terreno. Pero cuando traspasa una tierra en la que tiene árboles, además de cobrar por la extensión de su territorio, también sumará el valor de cada árbol que está en su propiedad. Esto hace que el precio sea mucho más alto. Cuando obtenemos frutos de largo plazo, su valor es mayor.

Después de casi veinte años de trabajar en el mundo del desarrollo personal tengo la bendición de recibir invitaciones para impartir conferencias en muchos lugares. En varias ocasiones he tenido que rechazar algunas porque coinciden con fechas que ya me han solicitado otras personas. Debo admitir que los primeros años de mi vida profesional no fueron así, razón por la cual continué sembrando y asistiendo a cualquier lugar al que me permitían. Visité iglesias, reclusorios, escuelas primarias, guarderías infantiles, plazas de colonias populares, incluso casas en las que se reunían unas cuantas personas. Mantenerme haciendo esto fue como sembrar semillas por aquí y por allá. A veces construir obras que nos den grandes frutos toma mucho tiempo, pero cuando obtenemos la cosecha los beneficios y bendiciones son mucho mejores que los que esperábamos. Pensar a futuro y ser paciente tiene sus recompensas.

Las dos preguntas esclarecedoras

El otro factor que debemos considerar para saber cómo actuar en situaciones difíciles, es hacernos "las preguntas esclarecedoras". Las respuestas a estos dos cuestionamientos nos ayudarán a conocer qué es lo que más nos conviene hacer. Estas preguntas son: si lo que voy a hacer fuera conocido por los demás, ¿qué es lo más probable que sucedería si lo hiciera? Y ¿cuál sería la consecuencia lógica si no lo hago? Casi siempre sabemos las respuestas a estas preguntas. Por ejemplo, ¿qué es lo más probable que suceda si nos alimentamos con comida chatarra?, ¿cuál es la consecuencia lógica si no entregamos los deberes y tareas escolares al maestro?, ¿qué es lo más común que pase si estudió para un examen?, ¿cómo reaccionará mi pareja si le

soy infiel?, ¿qué me sucederá si continúo fumando?, ¿cuál
es la consecuencia lógica de no hacer en el trabajo lo que
me solicitó mi jefe?

¿Alguien ignora las contestaciones a estas preguntas?
Por supuesto que sabemos las consecuencias de todos esos
actos. Lo difícil no es conocer las respuestas, el reto consiste
en hacernos las preguntas *antes* de decidir lo que haremos.
Apliquemos estas preguntas en los casos que vimos en las
páginas previas. ¿Qué es lo más probable que suceda con
Katia si se casa con un hombre que no está comprometido
con ella?, ¿qué es lo que le ocurrirá si conforma un matrimonio con alguien a quien ella no ama?, ¿qué debe esperar
si tiene el bebé y no se casa?, ¿cuáles son las consecuencias
emocionales que tendrá si decide no tenerlo? Las respuestas a estas interrogantes le muestran a Katia las consecuencias lógicas de sus posibles decisiones y por lo mismo ahora
ella verá con mayor claridad qué es lo que debe hacer.

En el caso de Carla, ¿cuál es el resultado lógico de
que no acepte subirse al auto con sus amigos y Miriam
porque ellos están ebrios?, ¿qué posibles consecuencias
experimentará si acepta que ellos las lleven conduciendo
en ese estado? De igual manera Lucas sabe qué sucederá
si acepta entregar el examen robado, así como si decide no
tomar parte en ello. Aunque son muchas las posibilidades,
nuestro sentido común nos muestra los posibles riesgos de
cada decisión que vamos a tomar. Hacernos estas preguntas
esclarecedoras antes de decidir es como empezar a tender
redes de seguridad debajo de nuestro trapecio. Incluso estas
preguntas nos previenen de subirnos a un cable que está
demasiado alto y delgado desde el cual es muy probable que
perdamos el equilibrio.

Aplicando las herramientas

Ximena habló mal de su amiga Victoria con un par de jóvenes a los que conocía poco. Aunque ellos no eran sus verdaderos amigos, quiso sentirse aceptada y cuando hicieron un comentario despectivo sobre Victoria, en lugar de defenderla les platicó de una situación que ponía en mal a su amiga. Está claro que para Ximena es más importante Victoria que ese par de muchachos que apenas conocía, sin embargo, en ese momento, tratando de ser aceptada de inmediato (corto plazo) criticó a su amiga. No pasó mucho tiempo para que Victoria se enterara de lo que había sucedido. Por no pensar en las consecuencias a mediano o largo plazo y concentrarse en lo inmediato, Ximena dañó la relación con su mejor amiga y estuvo a punto de perderla. Si ella hubiera reflexionado unos segundos preguntándose antes de hablar: "¿Qué es lo más probable que suceda si hablo mal de amiga con estas personas?" Y "¿Qué pasará si no comento nada contra Victoria?" Preguntarse esto le hubiera dado mucha claridad sobre lo que debía hacer. Resulta evidente que si ella no hubiera dicho nada respecto a su amiga, no pasaba nada malo. Por eso el no pensar en las consecuencias la llevó a vivirlas. Se subió al trapecio, se cayó y no había puesto la red.

¿Qué es lo lógico que suceda si no estudio para un examen pero intento aprobarlo haciendo trampa? Sé que cabe la posibilidad de que no sea descubierto y obtenga una buena calificación. Pero hay otras consecuencias. Es viable engañar al maestro, no a la naturaleza. Aunque haya pasado con buena calificación la materia no habré aprendido lo que me enseñaron. Por supuesto que somos capaces de aprobar una materia sin estudiar. Admito que algunas veces yo lo hice; quizás tú lo has hecho (conste que esto no es consejo, es una descripción). Lo que es imposible es que *aprenda-*

mos sobre esa materia sin estudiar, sin prestarle atención, sin anotar, hacer tareas, prácticas, etc. Y si nos atrevemos a intentar aprobar la materia con trampas en lugar de con estudio sabemos que los principios también aplicarán. Dime, ¿qué es lo más probable que suceda si el maestro te descubre haciendo trampa en el examen? Creo que ya lo sabes y espero que no te haya sucedido. Tenemos el poder para mentir a otros, incluso a nosotros mismos, pero no es posible engañar a la naturaleza y sus principios. Si después, en alguno de nuestros trabajos necesitamos saber lo que nos enseñaron en esa clase, no lo sabremos, pues nunca lo aprendimos.

Ayer me enteré de un accidente ocasionado por un muchacho. Mientras manejaba de regreso a casa él atropelló a una persona que iba en bicicleta. El joven conductor había bebido alcohol. Rebasó un auto por el acotamiento. Conducía a alta velocidad. Era de noche. No alcanzó a frenar. Mató al ciclista. Ahora está en la cárcel. ¿Lo ves? Se subió al trapecio sin estar en sus cinco sentidos (primer hueco en la red), rompió las reglas de manejo (otro gran hoyo en la malla). ¿Dónde está la sorpresa de sus consecuencias?, ¿qué es probable que suceda si una persona ebria conduce un auto a exceso de velocidad y sin respetar las leyes de tránsito? Creo que no se requiere de gran sabiduría ni estar graduado de la universidad para entender que es bastante probable que sufra un accidente y sus terribles consecuencias.

¿Recuerdas a Carla y a Miriam? Carla decidió no subirse al auto con Jaime y Edwin. Miriam se molestó con ella por eso. Lamentablemente sus amigos tuvieron un accidente bastante serio. Aunque ninguno murió, Jaime estuvo a punto de ello y perdió la movilidad de una de sus piernas. Se cayeron del trapecio y no había red.

La red más grande que existe

De todo lo que he aprendido en mi casi medio siglo de existencia, tal vez esta es la lección más importante. Algo interesante es que a la vez es la más mal entendida, tergiversada y rechazada. Sin embargo es la que nos brinda fortaleza en los tiempos difíciles, sabiduría a la hora de tomar decisiones y esperanza cuando todo está oscuro. Si aplicas lo que te voy a comentar ahora transformarás tu vida de la manera más extrema posible; pensarás y actuarás diferente que como lo has hecho hasta ahora. Vicios que eras incapaz de arrancar de tu vida desaparecerán y hábitos que no podías adquirir empezarán a ser parte de tu vida diaria. Creo que esta red es la mejor posibilidad de cambio profundo que tenemos los seres humanos. Me refiero a descubrir, iniciar y desarrollar una relación personal y directa con Dios. ¡Momento, no te sorprendas! Justo a eso me refiero cuando digo que este es uno de los conceptos más malentendidos que existen. No te preocupes, no te voy a promover ninguna religión, ni hablar en contra de alguna de ellas.

El asunto con la divinidad es muy sencillo. Sólo hay dos posibilidades respecto a la existencia de Dios: que exista o que no sea real. No hay una tercera opción. He escuchado a varias personas que creen en el disparate de que Dios existe para aquéllos que creen en Él. Eso es un absurdo, no tiene sentido. Si Dios sólo existiera para quiénes tienen fe, entonces no existiría, su supuesta presencia sería fruto de la fe o imaginación de los creyentes. Pensar así es como afirmar que los planetas que no vemos sólo existen para los que los han visto. O están o no están, pero no es factible que sean reales sólo para el que quiera que existan.

No soy teólogo ni pretendo serlo. Creo que aunque resulta ser atractivo e interesante estudiar, hablar y discutir de Teología, lo importante no es qué tanto sabemos respecto a lo que los libros y las doctrinas dicen sobre Dios; lo valiosos es conocerle. ¿Qué es más relevante, tener información sobre alguien o conocerle? Si Dios es real entonces es posible conocerle, pero para hacerlo debemos ser humildes, tener nuestra taza vacía y buscarle. ¿Cómo? Anhelando con todo nuestro corazón que eso suceda y diciéndoselo. A eso le llamo orar. Si Dios existe responderá y se mostrará a quien desee conocerle. Incluso las Sagradas Escrituras enseñan que Él se muestra a quiénes le buscan con un corazón sincero.

Iniciar y tener una relación con Dios es tener la red más grande que existe. Esto no significa que no cometeremos errores, que no nos caeremos. Por supuesto que lo más probable es que tengamos caídas, pero siempre habrá una red que nos sostenga y no nos permita que acabemos en el suelo. Recuerda que no me estoy refiriendo a que para tener una relación con el Creador es indispensable asistir más frecuentemente a la iglesia o a algún templo en específico. Todos hemos conocido personas que a pesar de ser congregantes frecuentes de su iglesia, tienen una vida que no parece mostrar una vida espiritual. Por supuesto que también, en esos mismos templos, puede haber gente que si experimenten una relación personal con Dios. Es por esto que me atrevo a sugerirte que invites a Dios a tu vida. No puede existir un ser Todopoderoso que no escuche un corazón sincero. Si todo lo puede, entonces puede manifestarse a quiénes le buscan.

Vacía tu taza y abre tu corazón

Te invito a ejercer un acto de humildad abriendo tu corazón y tus labios para pedirle a Dios que se muestre a ti, que le dé aliento de vida a tu espíritu y te brinde una nueva perspectiva. Toma unos minutos para exteriorizar este deseo. Te sorprenderás de cómo las piezas de Su Reino se empezarán a mover para que le conozcas y empieces la mayor transformación de tu vida. Lo he experimentado y es por ello que me atrevo a compartírtelo. Si no sabes cómo hacerlo o qué decir, repite algo como esto: "Dios, quiero conocerte. Deseo que entres a mi vida y me transformes, que me des nueva vida. Anhelo conocerte y tener tiempos contigo. Durante muchos años he recibido información sobre ti pero ahora quiero conocerte. He escuchado sobre Jesucristo, pero ahora deseo relacionarme con Él. Como dice en las Escrituras, 'Ven Señor, ven. Perdona mis faltas, errores y pecados. Lléname de Tu presencia y permíteme experimentar lo que es andar contigo'".

Extiende tu oración cuanto gustes. Lo que acabo de escribir no son palabras mágicas ni un "password" para abrir el corazón de Dios, simplemente es un ejemplo, una guía para orar. Lo más importante es que lo que digas, sea lo que sea, esté lleno de sinceridad. Estoy convencido de que Dios oye más los corazones que las gargantas; pero también he entendido que las palabras son la expresión de lo que hay en nuestro corazón.

Dios es el Creador de los principios. Si le invitamos a nuestra vida y nos llena de Su sabiduría, será mucho más sencillo entender cómo actuar basados en principios. Aunque no seremos perfectos comprenderemos mejor las situaciones que afrontemos; aprovecharemos nuestra dimensión espiritual que tanto hemos olvidado o limitado a realizar actos religiosos. Creo que la mayoría de la gente entendemos que es posible cumplir con nuestra religión y no tener a Dios. Somos capaces de tener una vida que a la vista de todos sea casi perfecta pero que delante de la transparencia y la honestidad, está vacía o corrompida. Tal vez nuestro cumplimiento religioso nos haga quedar bien con nuestra comunidad de creyentes, con otras personas; pero no transforma nuestra vida. Dios sí.

Valora y disfruta tu juventud. Vive cada día con hambre de aprender, crecer y disfrutar. Aprovecha esta corta y breve etapa llamada juventud. Ahora es cuando tu cuerpo tiene más vigor y tu cerebro aún posee mucho por aprender y desarrollar. No confundas disfrutar con imitar lo que el mundo comercial y los amigos que han caído en él te digan. No te conviertas en lo que otros desean que seas para que entres en sus parámetros de conducta y consumo. Atrévete a ser tú. Recuerda ser auténtico antes que diferente. Sé inteligente, muy inteligente para elegir todo aquello que te traerá frutos y paz ahora y a futuro. Si te equivocas, discúlpate y aprende. Invita a Dios a que transforme tu vida y permite que sea Él quien teja tu red.

El capítulo en pocas palabras:

1. La vida se rige por leyes y principios. Nos guste o no, ellos son los que marcan las consecuencias de nuestros actos.

2. Las leyes naturales son constantes que aplican en las ciencias exactas. Ellas nos marcan lo que sucederá al poner en acción ciertas variables. Así, todos sabemos que debido a la Ley de la Gravedad todo cuerpo cae a la tierra por su propio peso. La ley nos lo hace saber.

3. Los principios son el equivalente a las leyes, pero aplicadas a los seres humanos desde la perspectiva de nuestras relaciones, de la interacción que tenemos con otras personas.

4. Las leyes, como los principios, no son justos o injustos. Nos guían y muestran las consecuencias de las acciones que tomamos.

5. El principio más importante es el de "la siembra y la cosecha". Éste nos enseña que obtenemos resultados con base en la naturaleza de nuestras acciones. Cosechamos con base en lo que hemos sembrado.

6. Si queremos tener buenos resultados en nuestra vida y nuestras relaciones importantes, necesitamos primero "sembrar" lo que queremos obtener.

7. Una manera para pensar desde la perspectiva de los principios al tomar decisiones es hacernos las dos preguntas esclarecedoras antes de tomar una decisión. Estas preguntas son: primera, si lo

que voy a hacer fuera conocido por los demás, ¿qué es lo más probable que suceda si lo hago? Y segunda, ¿cuál es la consecuencia lógica si no lo hago? Hacernos estas preguntas y responderlas con honestidad nos da la clave para tomar buenas decisiones.

8. Tomar decisiones y actuar con base en principios es como colocar una gran malla protectora debajo de nuestro trapecio, nos ayuda a vivir con mejores consecuencias y resultados.

9. Desarrollar una relación personal con Dios es la mejor de todas las redes protectoras que existen, ya que Él es el Creador mismo de los principios.

10. Respecto a Dios sólo hay dos posibilidades: que exista o que no. Si no es así y creemos en Él, viviremos un bello engaño; pero si existe y no le consideramos, habremos cometido un error terrible.

11. Para conocer a Dios sólo necesitamos pedírselo. Al encontrarnos con Él empezaremos a experimentar la más grande transformación de nuestro ser.

EPÍLOGO

Bien, pues hemos llegado al fin del libro. Espero que a lo largo de sus capítulos hayas recibido suficiente material para tejer una buena red que te permita hacer malabares y piruetas altas sin tener temor por las caídas. Como te comenté al inicio, ante la posibilidad de aprender tenemos la alternativa de responder de tres maneras: como lo hace la mayoría, es decir, ignorando los consejos; como lo practican a los que yo considero tontos, es decir, los que no aprenden ni con sus fracasos o, por último, como se comportan a quienes llamo inteligentes. Éstos son aquellos que logran aprender por observar a los demás y seguir las recomendaciones sabias y prudentes que escuchan. Es mi deseo que tú actúes como una persona inteligente.

Recuerda que el verdadero éxito tiene más que ver con aprender de nuestras fallas que con nunca equivocarse.

No sé qué tipo de malabares son los que te gusta hacer. Espero que te subas a los trapecios de tus sueños y luches por ellos. No te conformes con menos de lo que anhelas. No siempre logramos tener todo fácil y rápido, pero es preferible intentarlo y no alcanzarlo que ni siquiera atrevernos a tratar. Mientras hayas puesto redes debajo y tomes en cuenta los consejos que te he compartido, creo que el reto vale el esfuerzo.

Me gustaría mucho conocer tu opinión respecto a esta obra. Coméntame tanto lo que te ha gustado como lo que no te agradó. También comparte conmigo si te ha sido de utilidad. Contactarme es sencillo. Las redes sociales nos permiten tener comunicación más allá de este libro. Te invito a escribirme a mi twitter, leer, comentar y dejar tus opiniones en mi blog, visitar mi página o saludarme en Facebook.

Twitter: @RafaelAyalaG

Facebook: www.facebook.com/autorrafaelayala.

Blog: www.autorrafaelayala.blogspot.com

Cómo tener confianza y seguridad en las relaciones interpersonales
Les Giblin
ISBN: 978-1-60738-154-9
192 páginas

"Si no utilizas tu sonrisa más a menudo, eres como aquel millonario que tiene millones de dólares en el banco pero no tiene ninguna chequera para sacar provecho de su dinero".

Hace más de 50 años, Les Giblin nos enseñó cómo mediante el sabio manejo de los principios básicos del comportamiento humano es viable asegurar el éxito en el mundo profesional, —y en cualquier faceta de la vida. En la actualidad, como miles de lectores lo afirman, su filosofía es más vigente hoy que nunca antes.

En este valioso libro el lector hallará acertadas técnicas para desarrollar confianza en sus relaciones interpersonales, de negocios y sociales, las cuales van desde pequeños trucos de lenguaje corporal que rara vez notamos en nosotros mismos (pero casi siempre en los demás) hasta el inteligente manejo de sus mejores habilidades. Cómo tener confianza y seguridad en las relaciones interpersonales te ayuda a obtener lo que en realidad necesitas y quieres en el trato con quienes te rodean de manera íntegra y sin complicaciones. Las técnicas probadas de Les Giblin te enseñarán cómo:

- Descubrir los secretos esenciales que se encuentran en la naturaleza humana para influenciar a los demás.

- Desarrollar tres de los secretos más efectivos para atraer a la gente.

- Lograr rápidamente que quienes te rodean vean las circunstancias de la misma forma en que tú las ves.

Saca provecho de todo tu potencial personal, social y de negocios con las cualidades innatas que posees.

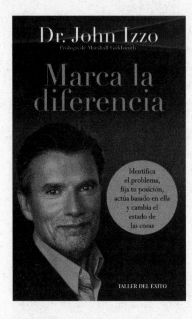

Marca la diferencia

Dr. John Izzo

ISBN: 978-1-60738-153-2

170 páginas

En su anterior libro bestseller *The Five Secrets You Must Discover Before You Die* John Izzo aborda los secretos para construir una vida de felicidad duradera. Ahora en Marca la diferencia él les brinda a sus lectores la clave para desarrollar una luminosa carrera profesional, laborar dentro de un adecuado ambiente de trabajo, cimentar excelentes relaciones interpersonales y vivir en un mejor mundo para todos. Marca la diferencia sostiene que casi todos los problemas, las dificultades, los retos personales y de carácter social que enfrentamos, serían resueltos más ágil y rápidamente si cada uno de nosotros nos cuestionáramos a sí mismos y actuáramos de manera consecuente en lugar de esperar soluciones por parte de los demás. Siendo nosotros los agentes de cambio, nos sentiremos más felices, menos estresados y con mucho más control.

John Izzo nos presenta siete principios de peso que le permiten a cualquier persona, en cualquier lugar, en cualquier momento, proponer y ejecutar con efectividad la solución ideal según sea la circunstancia para cambiar el statu quo. Para ejemplificar su propuesta el autor ha incluido historias que te inspirarán, desde la de una comerciante italiana de mediana edad que luchó contra la mafia, la de dos adolescentes que fijaron su posición e iniciaron un movimiento contra el acoso escolar, hasta la de la ejecutiva que tomó la división de una empresa que estaba agonizando y la convirtió en un generador de ganancias, y muchas historias más.

El síndrome del auto rojo
Laura Goodrich
ISBN: 978-1-60738-152-5
192 páginas

Seguramente hayas experimentado una situación similar a esta: resulta que decides comprar un auto rojo y de repente como que todos los autos de ese color se te hacen más evidentes por dondequiera que vas. ¿Por qué? Porque es obvio que, cuando se trata de carros, ahora tu mente está enfocada en los rojos, —lo cual demuestra que obtienes más de todo aquello en lo que te enfocas con mayor atención—. Es justo a este proceso del pensamiento al que la autora de esta obra le ha llamado *El síndrome del auto rojo*. Lo irónico del asunto es que a menudo, de manera consciente o inconsciente, nos concentramos en especial en lo que no queremos y es eso precisamente lo que obtenemos.

Basándose en investigaciones científicas, Laura Goodrich nos explica por qué con frecuencia les prestamos mayor atención a pensamientos negativos —que producen resultados contrarios a los que queremos obtener— y qué debemos saber para entender cómo reprogramar la mente y aprender a enfocarnos en resultados positivos. *El síndrome del auto rojo* primero que todo te ayudará a concentrarte y permanecer enfocado en los "yo quiero" que mejor encajan con tus preferencias e intereses tanto a nivel personal como profesional. Luego te guiará hacia encontrar la base adecuada para transformar tus debilidades, organizar tus prioridades y desarrollar un plan de acción que convierta tus "yo quiero" en una realidad. Laura ilustra sus conceptos mediante docenas de historias verídicas, entretenidas y enriquecedoras que ella ha seleccionado de entre sus más de 15 años de experiencia en coaching y asesoramiento en todo tipo de corporaciones.

Un regalo inesperado
Camilo Cruz
ISBN: 978-1-60738-068-9
168 páginas

Lo ocurrido en la hacienda La Victoria en 1834, es una evidencia más de esa sabia e infalible ley que se encarga de recompensar a cada quien, no con lo que desea, ni con lo que busca, sino con lo que merece. Mediante un lenguaje sencillo y sabio, Un regalo inesperado, plantea la eterna lucha del ser humano frente a las disyuntivas que se le presentan a lo largo del camino: sabiduría o necedad, amor o indiferencia, perdón o resentimiento.

Los conflictos que aquejan a cada uno de los personajes, las historias narradas en las cartas que Simón le escribe a su hijo y el insólito entorno romántico en medio de tiempos de guerra, creados hábilmente por el escritor, dejarán a los lectores con la sensación de haber visitado otra época de la Historia para hacer parte de un escenario en el que los dilemas de entonces continúan siendo vigentes.

Camilo Cruz ha sido un estudioso de la conducta humana. Es un escritor que lleva en sus venas el deseo de creer en sus sueños, de contar sus historias. Después de treinta y dos obras en las áreas del desarrollo personal, la excelencia empresarial y el liderazgo, con ventas que superan los dos millones de ejemplares en los diecisiete idiomas a los cuales han sido traducidas, Un regalo inesperado, surge como su primera propuesta en el género de la novela. En esta obra, Camilo logra combinar su avidez para motivar a los lectores a lograr sus propósitos, con su necesidad de imaginar y describir un mundo que solo tiene lugar en el cálido regazo de la Literatura.